11 M
El banquete de los buitres

BAKALA KIMANI

11 - M
El banquete de los buitres

Prólogo
Prof. Carlos Gimenez Romero

Afrokairós Editions

Segunda edición, revisada y corregida.

©Afrokairós Editions, 2015
C/ Montañas Rocosas, 5 28300 Aranjuez -Madrid (España)
(+34) 610374176 - (+34) 918928256
Dépôt légal: M-31716-2015
ISBN-13: 978-1519441652
ISBN-10: 1519441657
www.editions.afrokairos.com

En memoria de las víctimas de los atentados del
11 de Marzo de 2004 en Madrid.

Más allá de la muerte:
Dominique Kimani Massamba, mi padre
Boungou Gimmitri Cyriaque, mi amigo

"Hay en nuestro mundo actual un repunte de terrorismos, sean de Estados o de individuos y estos terrorismos son físicos, morales, financieros, económicos, estéticos, ideológicos, científicos... legalizados o fuera de la ley"
Sony Labou Tansi

Prólogo

En su primera novela, Bakala Kimani se enfrenta al 11 de marzo de 2004, a aquella matanza, a aquel gran daño, y a los acontecimientos políticos, mediáticos y comunitarios que entonces ocurrieron. Estamos ante una novela sobre los atentados escrita por una persona indignada con la clase política y con los engaños al pueblo, por una persona que además es un inmigrante subsahariano. Bakala Kimani vino hace unos años a España y vino desde África. Vivió las atrocidades genocidas en Ruanda y tras ello le tocó vivir las atrocidades terroristas del 11 de marzo en Madrid. Estamos ante la narración de un migrante, de una persona que se sitúa entre dos mundos y que vive esos dos mundos: España y el país natal. Y en esta perspectiva dual y transnacional reside uno de los elementos de mayor interés del texto.

El narrador, que es también el protagonista, vive en España y habla sobre acontecimientos en España, pero con frecuencia en su discurso aparece el "allí", la otra tierra, el origen. Todo el texto está salpicado de ese ir y venir. Un ejemplo tomado del principio: comentando las diversas actitudes políticas y personales hacia el terrorismo de ETA, el narrador señala: "Aquí en efecto algunas cosas se hacen también por tradición, y las tradiciones uno no se las quita de encima de la noche a la mañana" (todas las cursivas son añadidas). O acto seguido, refiriéndose a lo rápidamente que las televisiones y radios internacionales se centraron sobre los atentados de Madrid, incluye este apunte: "Ciertamente en África se hablaba de otra cosa, ya que allí, para conectarse al mundo, hace falta que pase mucho tiempo". De nuevo se escribe teniendo en cuenta el contexto de origen, un referente que viaja con el narrador, que es parte consustancial del relator.

Esa perspectiva doble a la que me refiero, desde su España de adopción y desde su África negra, aparece también en el uso del "nuestro" y del "nosotros". El autor y protagonista pasa una y otra vez de representar España como su país y "nuestra nación", a rememorar África y su otro país como "nuestro país" o nuestra tierra. Así, al referirse a las primeras especulaciones imputando a ETA el atentado, el narrador-protagonista indica: "porque era el único grupo extremista de nuestro país que se obstinaba en empañar la imagen de nuestra nación, España, en el extranjero"; o un poco *más adelante: "Así pues, nuestra ciudad, Madrid, se volvió el objetivo de todos los medios de comunicación." O también: "El día en que hirieron nuestros cuerpos y nuestros corazones. Un día que cambió la Historia de nuestro país". Interesante cuando escribe un inmigrante subsahariano con pocos años de residencia. Y no es solo un aspecto curioso sino una pertenencia sentida que es parte estructural de la narración y que le lleva a opinar, quejarse, preocuparse, comportarse como alguien que quiere ser ciudadano. Podría decirse que la mención al nosotros (España) es más intensa – "nuestros hombres políticos" - que en un relato que compusiera un nacional.*

Por otra parte, y en esa misma secuencia que selecciono, el autor pasa a comentar sobre África y lo hace también con sentimiento de pertenencia colectiva. Al criticar la ocultación de la noticia, que seguramente se produciría en África, ya que posiblemente allí los medios de comunicación incluirían, como de costumbre, informaciones sobre el viaje de algún "presidente dictador" a Europa, se ironiza criticando el colonialismo: "para destacar las buenas y afectuosas amistades que nuestro país mantiene con aquel país que es la causa, en gran parte, de nuestros sufrimientos".

Se trata de una novela de denuncia, de denuncia política. Se denuncia, entre otras cosas, la distancia entre el pueblo y la clase política. Se critica al "partido de papá y al de mamá", en referencia a los dos principales partidos y a las orientaciones políticas dispares de los progenitores de Elena, la amiga del protagonista y con la que comparte piso. Se denuncia la manipulación o los intentos de manipulación de la gente. Se trata de una narración que sale de la rabia, de un texto que sirve de desahogo al cabreo del autor con la clase política, con los gobernantes, con las mentiras oficiales. Se critica al partido entonces en el gobierno, su mala gestión en el caso Prestige, su apoyo a la guerra en Irak. Hay que entenderlo en clave de catarsis personal de alguien que está harto, de alguien que explota.

Hay ironía, mofa e incluso insulto. Nunca he sido partidario del desprecio y en algunos pasajes o frases me sentía a disgusto pero, insisto, son palabras que brotan de la indignación, y desde luego aquellos nefastos días estuvieron llenos de acontecimiento para la indignación. Ahora bien el autor - que introduce insultos de protagonista y de otros personajes- critica por otra parte el insulto e ironiza de la siguiente forma sobre su relevancia en la sociedad: "Nos gustaba insultar. Es la señal de que somos un gran pueblo. Ya que los adultos son los que saben insultar. Sin embargo nosotros siempre hemos querido que el insulto sea uno de los elementos característicos de nuestra cultura: es la razón por la que nos insultábamos en la tele, a la vista de todos delante de los niños. Nos insultábamos en la radio, en los diarios, en las aulas, en los anfiteatros delante de nuestros grandes profesores que nos enseñaron el arte de insultar a otros, como ellos lo aprendieron de sus profesores" (he vuelto a poner en cursiva las referencias al nosotros).

Hay dolor y pena en ese párrafo, como a lo largo de todo el texto, por los males de la sociedad y ello nos conduce a otra de sus características: se trata de un relato moral, de un testimonio donde el autor - formado, por cierto, en teología- se ubica en una posición de denuncia ética. En ocasiones, todo hay que decirlo, las apreciaciones caen en una cierta moralina, sobre todo con las menciones al sexo desbocado en la sociedad; un botón de muestra: hablando de lo hacinada que iba la gente en el metro camino de la manifestación, se dice de los jóvenes: "ellos a quienes se ofrecían espectáculos gratuitos de enamorados que se entrelazaban, respirándose el aliento en los autobuses y metros hasta el punto de gozar y gritar su placer delante de todo el mundo…"

En cualquier caso 11-M *El banquete de los buitres* es para el lector o lectora una oportunidad para conocer una mirada diferente, foránea, sobre las realidades de la sociedad española, al tiempo que el sujeto que valora explicita su pertenencia a ella. Señalaré otro aspecto de interés: la emergencia en el relato de ciertas pautas, giros o recursos propios de la narrativa y oralidad africana, marcadamente en lo que se refiere a la nomenclatura de personajes: el *Tío Zana* (José María Aznar, presidente de gobierno en aquel momento), el *Tío Sapatu* (José Luis Rodríguez Zapatero, entonces candidato a presidente por el principal partido de la oposición), *Tío Mandefu* (Mariano Rajoy, candidato a presidente por el partido en el gobierno). De esa forma, se crea una mínima distancia respecto a los personajes reales, al tiempo que se "africaniza" el relato. Son recursos que al lector autóctono o migrante no africano le sonarán curiosos y que al lector subsahariano le parecerán familiares. El par de opuestos *Tío Zana/Tío Sapatu*, se corresponde con el anteriormente mencionado de partido de papá (el Partido Popular) versus el partido de mamá (el Partido Socialista). A mí al menos todo esto me recuerda los cuentos africanos y sus pares de opuestos. La africanidad del relato se manifiesta también en detalles de interpretación que van surgiendo en una u otra esquina. Así, por ejemplo, al recordar que lloviznaba la noche de las manifestaciones por todo el país, el protagonista reflexiona: "pero Tío Zana no supo leer las señales del tiempo. La lluvia de esa noche no era una causalidad, era un rito, un mensaje celestial que era necesario explorar. Los antepasados dirían que era una profecía cosmogónica".

Con 11- M El banquete de los buitres se engrosa y enriquece el valioso baúl de las narrativas migrantes, en este caso con un alegato crítico - lleno de rabia, ironía y denuncia - sobre la manipulación de la gente y sobre la lejanía respecto de sus sentimientos por parte de determinados sectores de la clase política.

Prof. Carlos Giménez Romero

Catedrático de Antropología Social y Director del Instituto Universitario de Investigación sobre Migraciones y Etnicidad y Desarrollo Social (IMEDES- Universidad Autónoma de Madrid

11 - M
El banquete de los buitres

1

EL TIEMPO SE DETUVO

El teléfono sonó. Sonó. Sonó más fuerte que nunca. A esa hora de la mañana era más bien raro recibir llamadas. Nadie se atrevió a levantarse para descolgar. "¡No, no puede ser! Hay que dejar a la gente dormir en paz. No se puede ni descansar. Apenas acostado, hay que levantarse. ¡Dios mío! ¿qué mundo estamos construyendo?" murmuraba yo. Ignoramos las llamadas que se hacían cada vez más insistentes.

Se escuchó luego la dichosa melodía del móvil de mi amiga Elena. "¡Ah! Era su llamada. Y yo que estaba a punto de interrumpir mi dulce y sagrado sueño para descolgar el teléfono: "¡Maldito quién la llama! seguía murmurando. Obviamente Elena descolgó el teléfono. No tenía elección: o descolgaba el teléfono o pasábamos todos un cuarto de hora horrible, ya que la maldita melodía de su teléfono móvil dura una eternidad. Y es una melodía tan triste y lenta que termina por poner histérico a quien la escucha. Pero a Elena le gustaba. Le gustaba esa melodía como le gustaba todo lo que era melancólico.

Era curioso su gusto por las cosas oscuras, sombrías, tristes, poco comunes, etc. Esto contrasta radicalmente con la idea que el mundo se hace acerca de la gente de nuestra ciudad y de nuestro país. Nosotros cantantes y bailarines de flamenco, nosotros gentes alegres y calurosas de Europa, nosotros quienes teníamos antepasados africanos que pasaban días y noches cantando, bailando y bebiendo... Nosotros herederos de la alegría de los sempiternos felices latino americanos... Era un contraste fuerte, demasiado fuerte incluso. Y tan fuerte que los cuadros de pintura de Elena suscitaban piedad, tristeza y al mismo tiempo rebelión.

El teléfono de casa volvió a sonar. Esta vez Elena se precipitó al salón, lo descolgó y habló unos minutos. Yo notaba tristeza en su voz, como por efecto del sueño interrumpido. Y cuando colgó el teléfono, Elena dio un grito de horror. Se desplomó en el sofá y encendió la televisión. Me llamó con insistencia.

A mí no me gusta que me molesten cuando duermo. Soy originario de un pueblo que ha hecho del sueño un sacramento. Mâ Mbemba, mi hermano religioso, decía siempre que el sueño es el octavo sacramento. No sabía a qué se refería denominándolo así. Habría preferido que fuera el primero. Pero no. Era el octavo sacramento según el reverendo sacerdote Mâ Mbemba.

Sin duda hay una causa del sueño o, para hablar como a él le gustaba hablar, el sueño tiene sus causas. Y las causas del sueño son también sacramentos. Estas causas son múltiples y variadas; algunas conocidas y otras desconocidas: hay causas agradables, otras no. Comer, beber, por ejemplo, son causas del sueño, son sacramentos. Bailar y cantar también conducen al sueño, por lo tanto son sacramentos. Y sobre todo hacer el amor. ¡Eso sí! Puede parecer inmoral, pero es verdad. Una buena dosis de amor, sobre todo por la noche, conduce necesariamente a un dulce sueño. Un sueño hecho de embriaguez y reminiscencia. Pero eso el reverendo sacerdote Mâ Mbemba no lo decía. No. Él era sacerdote, y los sacerdotes por profesión no deben decir ciertas cosas. Es la razón por la que el reverendo sacerdote Mâ Mbemba no se atrevía a elaborar grandes teorías sobre la sacramentalidad del sueño. Para ser sincero, no fue él quien inventó esta teoría. Es algo que está en lo más hondo de nuestro pueblo que adora dormir, un pueblo que venera el sueño, un pueblo que sólo se siente feliz por la noche, cuando se duerme. Nuestro pueblo es una maravilla. Tenemos la suerte de adorar al sueño y de dormir como ningún pueblo del mundo duerme. ¡Oh, cómo envidio a mi pueblo!

Nunca le había dicho a mi amiga Elena que fui concebido en pleno sueño y que nací durante el sueño de mis padres. No, nunca pensé en decírselo. En los más de tres años que cohabitábamos, nunca se había atrevido a interrumpir mi sueño. Aquel día fue la primera vez. "Ah, mi reverendo sacerdote Mâ Mbemba, cómo me acuerdo de él". Si estuviera en mi lugar, se habría levantado de su cama, habría cantado rápidamente sus laúdes, habría salido con una cara furiosa como un macho encolerizado y se habría puesto a sermonear a mi pequeña Elena antes de saber el motivo de su apelación. En este punto, hay una gran diferencia entre el reverendo sacerdote Mâ Mbemba y yo. Es cierto que tenemos la misma sangre: la sangre caliente de personas siempre en movimiento. Algunas voces decían que tenemos también las mismas características fisiológicas, como gemelos. Pero la verdad es que no reaccionamos igual. No obstante, no dejaría escapar esta ocasión de oro que me ofrecía Elena: "Me vestiré del hábito del reverendo sacerdote Mâ Mbemba, mi hermano, y la sermonearé como un buen sacerdote negro". ¡Ah no! Lo haré como un humilde y agradable negro sacerdote. Está dicho.

Entonces salí de mi habitación, fingiendo estar furioso para intimidar a esta pequeña artista española que nunca ha sabido que no se molesta a un negro cuando duerme. Pero mi furia sólo duró un momento ya que el espectáculo que me ofrecía Elena distaba mucho de lo que yo me podía imaginar. Repantigada en el sofá, miraba la televisión con un aire cortado, fumando su cigarrillo. Desde lejos percibía las lágrimas que inundaban su cara. Me acerqué a ella y la cogí entre mis brazos, me puse a secar sus lágrimas mientras la apretaba contra mi pecho. "¡El tiempo se ha detenido!" dijo con una voz débil, apenas audible, como para invitarme a que viera con mis propios ojos el horror que la paralizaba. Y naturalmente, lo vi. ¡Qué crueldad! ¡Oh, Dios mío! ¿Por qué, Dios mío?

El teléfono sonó. Sonó. Sonó una vez más. Era mi compatriota Patrick Ouamba que quería asegurase de que todo nos iba bien. Se notaba mucha pena y un gran dolor en su voz.

Patrick Ouamba era delgado, de tez café con leche, aparentemente tímido. Se expresaba generalmente con excitación, siempre sonriendo, comunicando a sus interlocutores su alegría de vivir. Es de los que se dice que nacen con estrella: guapo, hermoso, introvertido, poco hablador, con una capacidad intelectual por encima de la media. A mi compatriota Patrick Ouamba le gustaba vestirse de manera meticulosa y esmerada con un estilo bien elegante, de buena clase, como la mayoría de la gente de mi país. Su apariencia de pijo ocultaba una naturaleza sencilla y bonachona.

Aquella mañana, cuando me hablaba, no le reconocí. La verdad es que desde que nos encontramos en este país, nunca lo había visto en un estado anímico similar. Su voz traicionaba una profunda emoción. Le aseguré que no me había ocurrido nada. Luego volví al lado de Elena que no dejaba de llorar.

Este doloroso espectáculo de lágrimas, de fuertes emociones, de luto, de angustias, me apenaba profundamente, pero yo no lloraba. Ya no me quedan lágrimas. Me sentía consternado. Pero la verdad es que no lo hacía aposta. Había llorado demasiado en mi vida. Diría incluso que he pasado los más tiernos años de mi vida llorando. Eso justifica seguramente mi falta de lágrimas. Más de diez años de guerra en mi país, varios meses de marcha forzada, las continuas torturas que sufrí, el saqueo de nuestras casas y bienes, las persecuciones de todo tipo y de todos los lados... habían acabado por secar mi depósito de lágrimas. Mis lágrimas se secaron, ya que su fuente no es desgraciadamente inagotable. Por eso sólo podía llorar interiormente. Elena, mi amiga, lo sabía. Ya se lo había explicado. No había podido ocultarle la dolorosa historia que había secado mis lágrimas. Sólo se dio realmente cuenta el día en que vimos juntos las imágenes del hundimiento de las torres gemelas del World Trade Center. Ella se hundió en lágrimas, yo al contrario parecía triste, pero ninguna lágrima asomó a mis ojos. Ese día creyó, en primer lugar, que por ser africano yo era como un pedazo de hielo con respecto a la tragedia que se estaba produciendo en los Estados Unidos. Pero no me dijo nada. Al menos ella no me trataba de africano sádico como lo hacía la reina de la Mifi, mi amor adorado y soñado de toda la eternidad. No. Elena me observó y su mirada interrogadora me obligó a darle explicaciones. Es pues, desde el 11 de septiembre de 2001, que mi amiga Elena supo que no lloro como llora todo el mundo.

Yo sólo lloro en el fondo del corazón, mis lágrimas son raras. No diría que son inexistentes. No, no llegaría hasta afirmar tal obscenidad. Porque sé que mis lágrimas existen, pero no salen. No salen por una razón muy sencilla: salieron demasiado, demasiado. Es también la razón por la cual meo menos que antes. Debe de haber un vínculo entre las lágrimas y la orina.

El teléfono sonó. Sonó. Sonó una vez más. Y el timbre del teléfono me obligó otra vez a levantarme. Elena no podía más. Las imágenes pasaban y volvían a pasar en casi todas las cadenas de televisión de nuestro país. Digo casi, porque había cadenas que seguían difundiendo sus programas habituales. Alrededor de las 7:55 horas de la mañana, algunas cadenas de televisión ofrecían entretenimientos inoportunos, como si estuviéramos en los EE.UU. donde se difunden estas cosas de día como de noche para fastidiar a los ciudadanos. Seguramente los responsables de aquellas cadenas no sabían que se equivocaban al seguir exhibiendo desnudeces monstruosas en la televisión a la hora en que la nación española estaba de luto. De todas maneras, eso no les importaba mucho, ya que la mayoría de los directores de televisión fueron nombrados por el mismísimo Tío Zana, el Primer Hombre del país. Habitualmente, a lo largo del día, nos difundían programas de cartomancia a distancia y por las noches comenzaban los de pornografía salvaje. Dichos programas eran como prostíbulos televisivos gratuitos y a gran escala. Tenían una gran audiencia ya que se encontraba ahí un poco de todo: desde la pornografía homosexual y lesbiana hasta la pornografía heterosexual, pasando por pornografía zoofílica, escenas de sexualidad grupal, etc.

Yo que nunca había visto similares bestialidades, aun procediendo de un continente supuestamente pobre y vaginal, no podía sino indignarme delante de esos espectáculos propios de los países desarrollados. Era curioso. Aún más curioso era, en mi opinión, la audiencia que tenían estas cadenas en un país donde se obligaba a los adultos a no tener niños para no perder su empleo y dnde los jóvenes tenían enormes dificultades a la hora de mantener relaciones afectivas serias y duraderas con sus parejas. Estas cadenas de televisión transmitían a los jóvenes la ideología que consiste en creer que el sexo es el principio y el fin de todas sus acciones, de todos sus encuentros, de todas las relaciones humanas y sociales. Era obligatorio pues, consumir sexo fuera cual fuera, como consumían marihuana y Coca-Cola.

Afortunadamente había otras cadenas privadas. Nuestra televisión estaba cableada, como dicen los franceses. Lo que equivale a decir que se podía prescindir de algunas cadenas públicas y nacionales para ver otras cadenas privadas y de otros países. De hecho, nosotros podíamos enterarnos de muchas cosas permaneciendo en casa, sentados en nuestro sofá.

Sin embargo, lo que estábamos viendo esa mañana del 11 de Marzo de 2004 nos dio tal disgusto que dejamos de estar orgullosos de nuestra televisión. Estábamos ciertamente muy satisfechos de nuestra televisión con su alta tecnología, pero no esperábamos que jamás nos mostrara tal catástrofe. Era escabroso, doloroso y rabioso. Sangre, sangre por todas partes y pedazos de carne humana dispersados por aquí y por allá.

En otros lugares, se habría apagado la tele para tener un poco de aire, respirar un poco. Pero aquí, actuar así es un crimen de lesa majestad, ya que la información es un derecho para los ciudadanos. Afortunadamente.

"¡Son mis padres!" murmuró Elena. Sabía que llamarían. Ya que sus padres la querían de esa manera que sólo se ve aquí. Cuidaban de ella como si fuera una niña de dos años. Se ocupaban de ella como en la época en que aún no había tenido sus primeras menstruaciones. Aquí en España es así. Los padres ven a sus hijos crecer, ven también crecer a los hijos de sus hijos. Y algunos llegan hasta ver a los hijos de los hijos de sus hijos. Desgraciadamente, suele suceder que los abuelos vivan más tiempo que sus nietos. Es un fenómeno que se explica por el hecho de que los jóvenes se dedican con una ligereza colosal a las drogas y al sexo; se dedican a todo lo que, aunque agradable, afecta a su salud, tal como lo solía decir su eminencia el Cardenal Roukou en sus homilías públicas.

Los padres de Elena habían anunciado su llegada. En estas circunstancias uno tiene que estar en familia. Yo también tenía que encontrarme con los míos. Pero por toda familia, tenía a: Elena mi amiga, la reina de la Mifi mi amor adorado y soñado de toda la eternidad, mis hermanos de la parroquia Virgen Grande de Torrelavega, Alberto de las Presillas y sus padres, Pilar M. de Madrid, así como algunos compatriotas que, como yo, habían escapado del genocidio en mi país.

Mi familia está conmigo sin que yo esté con ellos. Los llevo en mí. Mi padre muerto de esta muerte cruel e inesperada, vive conmigo y en mí. Mi madre que fue violada y a la que mataron antes de cortarla en pedazos con un machete, vive conmigo y en mí. No hablaré de mis hermanos. No diré nada. Porque un huérfano normalmente no habla mucho. Un huérfano se calla. Cuando intenta contar su historia, la vive en llanto y sangre. Esta es la razón por la que el silencio nos caracteriza a nosotros, los huérfanos desconocidos, despreciados y abandonados de la globalización.

Eran las 12 horas cuando los padres de Elena llegaron. No sabíamos exactamente qué día, ni qué hora era. Estábamos ahí. La televisión nos había dejado impotentes y vacíos. El tiempo se había detenido para nosotros. Nadie se duchó. Nadie se lavó tampoco. Ni siquiera pensamos en almorzar. Estábamos ahí, viendo dolorosamente los cuerpos cubiertos a lo largo de los carriles. Los reporteros, gracias a la tecnología, nos pasaban imágenes de estos memorables atentados en todas las estaciones donde se habían producido.

Se veían cientos de cuerpos en la estación de Atocha, millares de heridos en la estación de El Pozo y los restos de un vagón de tren destrozado por las explosiones en la estación de Santa Eugenia. Se veía por todas partes a gente usando pies y manos para ayudar a las víctimas. Imágenes en primer plano de una guapa mujer con el cabello erizado, herida en la cabeza, añadían algo indescriptible a nuestro dolor. Estaba también ese joven ensangrentado con la cabeza vendada. Y por supuesto, la imagen impactante de un muchacho cubierto de sangre, pero que tenía, a pesar de la sangre que cubría sus ojos, el valor y la fuerza de manejar su teléfono móvil. Un verdadero héroe. Su fotografía figuró al día siguiente en la portada de la prensa nacional e internacional.

Estas imágenes pasaban y volvían a pasar ante nosotros. Los padres de Elena que se habían reunido con nosotros, no encontraban palabras para calificar aquella masacre. En vez de murmurar palabras inútiles y vacías, entraron, nos abrazaron y se callaron. ¡En silencio! Es la actitud que la naturaleza humana impone al Hombre ante una horrible masacre como la del 11 de Marzo en Madrid. Uno se calla. Pero las lágrimas no paran de aflorar. Elena, mi amiga, lloraba en silencio al igual que sus padres. Yo también. Sin embargo, mis lágrimas no se veían. Yo tenía la cara triste y estupefacta. Y allí, hubiera querido que al menos una sola lágrima se asomase a mis ojos. Nada. Lloraba de no poder llorar como todo el mundo.

¡Oh, la vida! ¡Mi vida! ¡Qué futilidad! ¡Qué vida de mierda! ¿La vida no será más que una acumulación de daños y atrocidades? Sufrí genocidio en mi país. Lloré las muertes de Ruanda. Grité contra la agresión de la República Democrática del Congo, nuestros vecinos. Vi la miseria de los africanos que recorrían miles de kilómetros para huir de las guerras y ahora, como si no fuera suficiente, me sentía obligado a sufrir por no poder llorar verdaderas y visibles lágrimas. ¡Pobre de mí!

En casa no se hacía ningún comentario sobre los terribles atentados que estábamos viendo. En las cadenas de televisión, las especulaciones de los periodistas apuntaban al grupo terrorista ETA como autor de los atentados, porque era el único grupo extremista de nuestro país que se obstinaba en empañar la imagen de nuestra nación, España, en el extranjero.

Según Tío Zana, el Primer Hombre del país, España sería comparable a Suiza si no fuese por culpa de ese grupo terrorista. Desgraciadamente seguía existiendo, a pesar de todos los esfuerzos efectuados por el partido de papá como por el de mamá, para que aquel grupo abandonara las armas en pleno siglo de democracia. Algunas voces perversas afirmaban que la existencia de este grupo era, políticamente, un mal necesario. Permitía a algunos políticos llegar o seguir en el poder. Eran voces asquerosas las que lo decían. La gente sensata no pensaba así las cosas.

En cuanto a los ciudadanos, sus reacciones dependían de sus intereses y sus ideologías. Algunos amigos míos apoyaban al terrorismo a pesar de ellos; otros, por el contrario, lo condenaban sin a veces saber demasiado por qué. Quizás porque sus padres siempre habían estado en contra de ETA.

Aquí, en efecto, algunas cosas se hacen también por tradición. Y las tradiciones uno no se las quita de encima de la noche a la mañana.

La noche cayó. Pero nadie se dio cuenta de ello. La televisión hipnotizó nuestras vidas, se nos pegó como un imán y ya no nos deshicimos de ella. Las imágenes del horror pasaban sin cesar. Se nos proyectaron imágenes de gente que iba de hospital en hospital para saber si habían perdido a familiares. Otros llamaban por teléfono para informarse. Las radios habían dejado de emitir sus programas estúpidos y nada instructivos que nos ofrecían normalmente. Y las cadenas de televisión extranjeras acapararon el tema. Así pues, nuestra ciudad, Madrid, se convirtió en el foco de todos los medios de comunicación. En todo caso, es la impresión que teníamos debido a los comentarios que provenían de todos lados, así como las llamadas recibidas de nuestros amigos y conocidos.

Ciertamente, en África se hablaba de otra cosa, ya que allí para conectarse al mundo hace falta que pase mucho tiempo. Los medios de comunicación de allí tienen sus prioridades: la propaganda partidaria. Así pues, en vez de difundir un atentado ajeno, que tiene todo el riesgo de inspirar espíritus astutos, siempre al acecho de métodos sofisticados para derribar a los dictadores, se difundiría de buen o mal grado, la visita del Presidente dictador en un país de Europa. Es una manera sutil de advertir al pueblo de tener cuidado ya que el jefe tiene el apoyo de Europa. Eso es aún más bárbaro cuando esta visita tiene lugar en el país de nuestros antiguos colonos. Entonces, "c'est du venez voir". Se invita a toda la población a ver estas imágenes del Presidente de la República en compañía de su homólogo en el país de los blancos. Y los periodistas, estos cortesanos meticulosos que están siempre dispuestos a doblar el espinazo delante del primer energúmeno abastecedor de pasta, no dejan nunca de aprovechar esta clase de ocasiones para destacar las buenas y afectuosas amistades que el presidente mantiene con aquel país, que es la causa, en gran parte, de nuestros sufrimientos. África, es como si la humanidad estuviera aún en proceso de humanización.

Alrededor de la 1 de la madrugada, borrachos y cansados de ver las atrocidades de tal inhumanidad, los padres de Elena se despidieron de nosotros. Elena y yo permanecimos allí. No sabíamos dónde estábamos. Nadie abrió la boca. A primera vista, se podía ver el cansancio en nuestras caras.

Volví a la cocina para prepararle un café con leche. Tomé también una tortilla que había hecho. Intentamos poner esas cosas en nuestras bocas, mirando al mismo tiempo la televisión que nos devolvía, una y otra vez, las misma tomas.

El tiempo para nosotros se había detenido. Comenzaba un nuevo día, pero teníamos la impresión de que era el mismo día. El día de nuestra desdicha. El día de nuestros llantos y nuestros sufrimientos. El día de nuestra humillación también. El día en que hirieron nuestros cuerpos y nuestros corazones. Un día que cambió la Historia de nuestro país, España, de manera irreversible. Ese día fue el del 11 de Marzo de 2004: dos años y medio después del inolvidable 11 de Septiembre de 2001. Es un día que ha entrado en nuestra memoria y que no olvidaremos jamás.

2
EL BANQUETE DE LOS BUITRES

Mientras que nosotros caminábamos perdidos, cansados y heridos en nuestras entrañas de pueblo ignorante de la política, a la vez que buscábamos saber quién de entre nuestros familiares, amigos y conocidos era víctima de estos atentados, los hombres políticos, tanto del partido de mamá como del partido de papá, se habían replegado en sus cuarteles generales. Se frotaban las manos. Se exprimían los cerebros. Tienen cerebros que reflexionan con una velocidad increíble. Los llaman estrategas políticos, politólogos, sociólogos, psicólogos, etc. Son cerebros bien amueblados que inventan estrategias políticas para joder al pueblo como se jode a una puta.

Por ello pusieron en pie una serie de estrategias, unos para mantenerse en el poder y otros para acceder al mismo. Nosotros sufríamos. El dolor se hacía cada vez más fuerte y profundo. El número de muertos y heridos crecía de manera vertiginosa. Más bien teníamos angustia, miedo y pánico.

Conscientes de ello, nuestros políticos buscaron y encontraron palabras susceptibles de tocar nuestra sensibilidad. Entre ellos nadie había perdido a un miembro de su familia. Nadie. Entre ellos nadie tomaba el tren ni el metro. Nadie. Entre ellos nadie sabía lo que sufríamos realmente. Nadie. Sin embargo, ellos fueron los primeros en aparecer en las pantallas gigantes con cara de preocupación. La sensación de abatimiento que se leía en sus caras estaba reforzada por la rojez de sus ojos, efectos innegables del coñac y del polvo. Uno diría: "He aquí verdaderos patriotas".

Es la imagen que querían darnos a nosotros, pueblo martirizado y maltratado. Porque creíamos simplemente lo que nos decían. En cualquier caso, hasta antes de los atentados, siempre les habíamos creído. Lo sabían muy bien. Creímos lo que habían dicho cuando derramaron toneladas de petróleo en nuestras aguas. Contaminaron nuestras aguas, protestamos, pero ellos salieron en la televisión, dijeron lo que querían decirnos y les creímos.

Sí, les creíamos siempre. Les creímos también cuando años más tarde decidieron, por lealtad a los Estados Unidos, ir a Irak para que mataran a nuestros hermanos, hijos, sobrinos, primos y padres del cuerpo militar. Todos salimos a las calles y rincones de nuestras ciudades y pueblos. Los medios de comunicación difundieron nuestra manifestación casi todos los días. Pero encontraron palabras que convenían para explicarnos la necesidad de hacer matar a algunos de nuestros soldados en Irak. Y les creímos. Casi tan estúpidamente como un niño cree a un padre borracho y mentiroso.

Nosotros, nietos de Don Quijote de la Mancha, somos un pueblo que no tiene la cultura de la duda. Y ellos lo sabían. Y por saberlo, se habían planteado la forma en que nos iban a hacer creer, como de costumbre, sus tonterías pronunciadas en la televisión. Un pueblo que piensa poco es una miseria para la humanidad. Formamos parte de este pueblo calificado de recién nacido del capitalismo triunfal. Íbamos tirando adelante con la loca ilusión de pagar el precio del desarrollo. El progreso tiene un precio, se nos repetía. Y este precio, era la esclavitud dorada de cuerpos civilizados que se matan en el trabajo, consumiendo en exceso el sexo, el alcohol, la droga, etc.

No sé qué pueblo tuvo la idea de decir que la ignorancia de unos hace la felicidad de otros. No estudiamos la historia de los proverbios en la universidad. Incluso mi amiga Elena, que se dedicaba a la filosofía y las letras, nunca supo exactamente el origen de este proverbio. Sin embargo a veces el origen de las cosas importa poco. Nosotros comprendimos que nuestra idiotez les había enriquecido. No obstante, podíamos esperar todo excepto el indudable hecho de que nuestros hombres políticos eran como los buitres que nunca tienen lástima de un cadáver.

Nosotros éramos para ellos muertos vivientes. Simples cuerpos para trabajar y follar. Incapaces de pensar y dudar de sus pretensiones. Nos jodían en todas las posturas y en todos los lugares donde fuese posible.

Se meará siempre encima de un pueblo que no tiene el valor de hacer funcionar su cerebro. Desde que el mundo está habitado, los políticos a menudo se han comportado como verdugos de su pueblo. Todos tienen esta manía inhumana de creer que son pequeños dioses que pueden hacer y deshacer a su antojo. Esta ilusión que ellos mismos crearon y en la cual creen, les lleva a reírse del pueblo en cuyo nombre dicen y hacen lo que todos sabemos.

A Elena, mi amiga, le costaba tragárselo. En efecto, desde su tierna infancia aprendió a confiar en las palabras de la gente. Esta es la razón por la que en sus universidades se estudiaban palabrerías y letras. Porque crecieron con esta creencia. Es la creencia de nuestro pueblo que siempre ha sabido que la verdad está en las palabras. Entonces, cuando los políticos estudiaron el arte de manejar al pueblo y descubrieron lo que sabíamos y creíamos, reforzaron este conocimiento y esta creencia en nosotros. Y cuando se encuentran entre ellos se ríen a carcajadas, pronunciando palabrotas: ¡Vamos a joderlos con nuestro conocimiento y nuestras creencias! Por ello fornican con nosotros a su gusto.

Yo que soy originario de un país colonizado, tenía opiniones políticas diferentes a las del pueblo de Elena, que se convirtió en mi pueblo de adopción. Había visto cómo incluso Francia, que defiende valores democráticos, fomentaba y apoyaba golpes de Estado en nuestros países ofreciendo sus servicios o armamentos a los golpistas. Desde entonces, comprendí que el ser humano no es siempre quien dice ser. Las palabras bonitas no suelen reflejar la realidad. Pero mi querida Elena seguía creyendo en las palabras de los políticos. Les creía firmemente. De hecho, días antes de las elecciones generales, ya tenía decidido su voto. Sabía claramente a quién votar. Nunca se preguntaba por qué votarle.

Pues es así como se vota en las familias aquí, de generación en generación. Aquí los votos no son un asunto de cada uno individualmente, sino más bien algo familiar, de manera que la solidaridad en el partido a votar, reforzaba la unidad familiar.

"El Ministro del Interior va a hacer un comunicado de prensa", informó Elena. Se presentó en la televisión con los ojos enrojecidos por el polvo y el whisky que consumía antes de sus apariciones públicas. En África se sabría que el ministro estaba drogado, porque allí todo el mundo sabe que los políticos fornican con el polvo o las hierbas, según sea modernista o tradicionalista. Y no se imagina a un político que llora con lágrimas de verdad. No, allí todo el mundo está convencido de que las lágrimas de los políticos son falsas y suelen estar programadas políticamente antes de dejarlas correr en público.

Al contrario que Elena, que medía alrededor de 1,75m de altura, el Ministro de Interior era bajo. En esto era realmente uno de aquí. Un hombre muy respetable, que hablaba como Crisóstomo y hacía muestra de una inteligencia fuera de lo común. Al igual que sus camaradas del partido de papá parecía demasiado serio.

Junto con sus amigos del partido de papá pretendían siempre actuar muy metódicamente. Era su lema. Y habíamos terminado por creerles. Ya que nosotros creíamos lo que ellos decían. Solían repetir que hombres tan serios, responsables y justos, no habían en otros partidos políticos de España. Era su ideología. Y les creíamos. Simplemente porque nosotros creíamos lo que decían. Con sus palabrerías habían terminado por convencer a toda la gente honesta de nuestro país. Por ello, el mismísimo cardenal Roukou no se cortaba un pelo al mostrar su afición por este partido. Ellos se aprovecharon de él, se la dieron con queso made in Spain. Y todo el pueblo de Dios creía lo que ellos decían.

Esperábamos a que el mismo Tío Zana nos hablara. Nos gustaba escucharlo. Lo adorábamos. Era nuestro milagro de carne y hueso. Nuestro profeta. Y él era consciente de ello, incluso demasiado consciente. Con sus afinidades y amistades en la Casa Blanca, sus confesores y guías espirituales en el Vaticano, sus enemigos declarados en La Habana, tenía todo para ser adulado como un verdadero Mesías. Algunas de nuestras madres hacían el amor con él, soñando racionalmente. Las malas lenguas decían que también algunos hombres soñaban lo mismo. Pero él ni siquiera estuvo a punto de ser un soñador.

¡Oh, Tío Zana adorado! Esperábamos que nos dijera lo que había pasado, pero como el dios oculto, nos envió a su amiguito, el Sr. Ministro del Interior, para decirnos lo que el partido de papá sabía de estos atentados, invitándonos por supuesto, a creerles como siempre.

Así apareció el ángel del partido de papá. Como para decirnos que el dolor le torturaba, no improvisó nada. Se puso a leer valerosamente lo que el partido de papá, que era en verdad nuestro partido, sabía de estos atentados. No tuvo la audacia de precisarnos que, lo que el partido de papá sabía, no lo creía. Pues estaba convencido de que íbamos a creer religiosamente lo que nos decía, sin tener que comprobarlo. Nos soltó esa verdad en la que queríamos creer con alegría. Nos la comunicó con una tranquilidad magistral y perentoria que recordaba, por otra parte, la maravillosa época del *magister dixit*.

Lo que nos dijo el ángel chulo del partido de papá es lo que todo el mundo creía sin saberlo. Nos informó, lo repitió e insistió: "ETA quiere hacer daño al Presidente fundador. ETA está resentida con la Familia Real. ETA quiere romper la nación. ETA quiere acabar con nuestro partido de todos, el partido de papá". Dicho esto se fue, fingiendo llorar con lágrimas verdaderas.

Los especialistas del micrófono y del papel se pusieron al trabajo, dándole vueltas a las palabras del ángel del partido de papá. Las creían. Pero no todos. Algunos de ellos se despertaron, teniendo el valor de cortar el cordón umbilical de la creencia popular. Se dieron cuenta de que ya pasó la edad de la creencia.

No obstante, no pudieron decírselo al Ministro del Interior del partido de papá, porque no les dejó hacer preguntas. No se supo exactamente de dónde salió, pero se escuchó repentinamente una voz: "ETA no es el autor de estos atentados, ha sido el gran Osama Bin Laden". Nuestros corazones empezaron a latir de manera inquietante. Una señora que se encontraba cerca de donde salió la voz gritó: "¡Cállate, ya tenemos bastante!".

Al igual que los del partido de papá, aquella señora no quería que otro grupo reivindicara estos atentados. Creía en lo que el ángel del partido de papá dijo. Tuvo repugnancia y menosprecio respecto a la voz. Pero la voz no se calló. Resonó de nuevo, como antaño lo hizo el profeta Simon Kimbangou: "ETA no puede ser responsable de esta masacre". Y dirigiéndose a la señora del partido de papá, la voz gritó esta verdad: "Mujer, sepa que ya pasó el tiempo de la creencia. Estamos en la era de la red; el mundo está en perpetua y permanente navegación. O navegas, o te joden".

- "¡Cállate de una puta vez, no eres más que un irresponsable, vete a la mierda, hijo de puta!", gritó la señora muy perturbada por aquella voz que nadie identificó.

Nos gustaba insultar. Es la señal de que somos un gran pueblo. Los adultos son los que saben insultarse. Sin embargo, nosotros siempre hemos querido que el insulto sea uno de los elementos característicos de nuestra cultura. Es la razón por la que nos insultábamos en la tele, a la vista de todos, delante de los niños. Nos insultábamos en la radio, en los diarios, en las aulas, en los anfiteatros, delante de nuestros grandes profesores, que nos enseñaron el arte de insultar a otros, como ellos mismos lo aprendieron de sus profesores.

Como si el cielo quisiera terminar con nosotros -como se dice en el país de la reina de la Mifi, mi amor adorado y soñado desde la eternidad- el mundo entero se puso a dudar de la versión de los hechos tal como los comunicó el partido de papá y su gobierno. De repente, vimos un sol brillante en pleno invierno. No dimos crédito a nuestros ojos. Y como si todos se pusieran de acuerdo, como si escucharan a la voz no identificada, corría el rumor de que el gran Osama Bin Laden era el responsable de nuestra tragedia. ¡¡¡Nuestras creencias!!! Nuestras creencias se diluyeron en el río de la duda que empezó a invadirnos.

Horas más tarde, se oyó a un anciano que se parecía mucho a Don Quijote llorar y rezar así: "Ven Tío Zana, ven a tranquilizarnos". Los llantos y la plegaria de aquel anciano se difundieron en las cadenas nacionales de televisión dirigidas por el partido de papá. Entonces el Sr. Presidente, Tío Zana, el Primer Hombre de nuestro país, salió de su Cuartel General donde se reía y se frotaba las manos con sus camaradas. Lo vimos con sus gafas bicóncavas que le hacían creer que era el Einstein hispano. El Presidente fundador sentía un placer infantil al retirar de vez en cuando sus gafas de miope en sus intervenciones públicas para dar consistencia a sus palabras bien estudiadas antes de pronunciarlas.

Los padres y madres, los abuelos y abuelas, así como los tatarabuelos y tatarabuelas, salieron de sus habitaciones para ver, adorar, adular y beber las palabras de Tío Zana. El mundo había hablado demasiado. Ya era hora de que el Presidente-profeta interviniera para parar estos rumores que hacían daño a los oídos de nuestros ciudadanos.

Se le maquilló como solían hacerlo. Le dieron palabras: palabras que sabía de memoria, pero en las que no creía, ni él ni sus camaradas del partido. Palabras que nos invitó a creer ciegamente. Y nos dijo, más o menos, estas palabras, que eran para nosotros palabras de verdad: "Declaro cerrada la campaña electoral. Convoco una manifestación general de todos los ciudadanos para decir No a la división de la Nación. La manifestación tendrá lugar a las 19 horas. Y en nombre de lo que sé (pero en lo que no creo), ordeno que cada manifestante escriba este lema: Con las víctimas, con la Constitución, contra ETA".

Al terminar su comunicado, se dispuso furiosamente al ejercicio democrático de preguntas. Era un ejercicio que odiaba con todo su corazón, pero las elecciones le obligaban a no esquivar las preguntas de los periodistas. Así pues, un periodista que pertenecía seguramente al partido de mamá, preguntó:

- ¿Qué crédito da, excelencia, a la tesis según la cual Osama Bin Laden es el verdadero responsable de nuestras desdichas?

Como respuesta, le echó un sermón digno del Cardenal Roukou. Por primera vez vimos a Tío Zana tartamudear, verdadero tartamudeo. Y se quitó las gafas graduadas para intimidar mejor al pobre periodista, cuyo salario ni siquiera llegaba a fin de mes. Tío Zana no tuvo pelos en la lengua. Escupió su cólera a la cara del mundo afirmando con certeza: "Es ETA y nada más que ETA quien quiere dañar a nuestra Nación. Lo demás sólo es, ni más ni menos, que agitación popular a la que mi partido y yo no nos someteremos nunca. Soy un hombre serio, educado y responsable. Sobre todo no me confundan, por favor, con un jugador de quiniela." Y al instante, enfadado, suspendió el ejercicio democrático de cuestión-respuesta porque esta pregunta del periodista del partido de mamá no figuraba entre las cuestiones que tenía preparadas.

Muy enfadado, Tío Zana se fue fustigando con su mirada al pobre periodista del partido de mamá. Sin embargo, al volver a entrar en su Cuartel General, se pusieron a reír de nuestra idiotez. Se frotaban las manos. Oficialmente, y como por consenso, se puso fin a la campaña electoral. Pero cada partido se retiró a su Cuartel General para reír, comer, beber y exprimir los cerebros. Era necesario pensar cómo seguir haciendo campaña sin hacer campaña. Era un ejercicio terrible. Un juego loco y peligroso.

El partido de mamá también lo comprendió así. Y el partido del Sexo Libre también. Todos los políticos sabían de qué hablaban. Todos, excepto la mayoría de la población que siguió aplaudiendo el sentido de responsabilidad de nuestros políticos, así como su supuesta solidaridad con nuestro pueblo.

La verdad era más bien cruel, abominable e

inhumana. Cuidaron las apariencias. Era necesario dar buena imagen al pueblo. Sin embargo, toda palabra, todo gesto, e incluso, todo silencio, tenían significado y objetivos electorales. ¡Los ciudadanos se dieron cuenta tarde, desgraciadamente! Suele suceder, uno sólo se da cuenta cuando ya es demasiado tarde.

Luego vimos a los hombres del partido de papá desfilar en las pantallas de la televisión pública para decir lo que les complacía decirnos. Los camaradas del partido de mamá, así como los del partido del Sexo Libre, invadieron también las cadenas de televisión para contarnos cuentos. Pero Tío Sapatu no apareció en ningún medio de comunicación. Digamos que no lo vimos en la tele. Es posible que se le prohibiera el acceso ya que la censura funcionaba muy bien en aquel momento, como a lo largo de toda la legislatura del Tío Zana. No obstante, también se frotaba las manos en su Cuartel General con los suyos. Jugaban al juego de damas electoral pensando en la manera de sacar el máximo beneficio de estos atentados, como los del partido de papá.

Cuando el sol desapareció, el mundo siguió girando en torno a nosotros. Tío Zana y su partido, el partido de papá, nos echaban la culpa viendo aumentar nuestra incredulidad y nuestra inmadurez, porque para ellos, todos los que no creían lo que decían eran incrédulos e inmaduros. Señaló al Sr. David Fernández de Torrelavega, a quién profirió serias amenazas. Amenazó también indirectamente a Tío Sapatu. Y para terminar, nos amenazó a nosotros, pueblo inocente y víctima;

nosotros cuyos dientes sufrían la dentera a causa del agraz que ellos comieron. ¡Ah, Tío Zana! ¡El Primer Hombre! Nadie habría imaginado nunca que llegaría hasta ahí. Pero llegó hasta el punto de decir a los ciudadanos: "Que os jodan, idiotas e hijos de puta". Y este insulto, el pueblo no lo acepta nunca jamás.

Por solidaridad con las víctimas y familiares, fuimos a la manifestación convocada en la Plaza de Cibeles. Vimos al Tío Zana intentar influirnos con su mirada. Se le percibió con una sonrisa victoriosa que no pudo disimular. Y la gente del partido de papá, reunida al lado de los del partido de mamá, se puso delante de la escena. Y nos manifestamos entonces y siempre. Ellos estuvieron muy contentos de ver eso. Se felicitaron. Era su manera de hacer campaña. Sonreían y se intercambiaban miradas de satisfacción.

Yo que soy originario de África, pero que me sentía afectado tanto como los autóctonos, estuve unido a la muchedumbre que no se ve nunca en la tele. Nadie publicó que africanos y otros extranjeros estaban allí. No éramos las estrellas de la ceremonia. Las estrellas eran ellos: Tío Zana y Tío Sapatu. Se diría que Tío Zana se presentaba a las elecciones generales, cuando oficialmente había nombrado a su camarada del partido, Tío Mandefu, para sucederle. Curiosamente era él, Tío Zana, quien se ponía en la primera fila. Era él a quien se veía en la tele. El que daba directrices. El que daba órdenes y desordenaba. El mismo Tío Zana, adorado y adulado por nuestros padres y madres, abuelos y abuelas, tatarabuelos y tatarabuelas, que hacía campaña para su sucesor, Tío Mandefu.

La manifestación era un éxito. Un verdadero y profundo mensaje al terrorismo. Pero Tío Zana era muy listo. Nos pidió ir con pancartas cuyo lema era: "Con las víctimas, con la Constitución, contra ETA". Ahí estaba la trampa. Debió de ser una idea original de uno de los cerebros más brillantes del partido de papá, ya que Tío Zana tenía celos de la Constitución tanto como si de su mujer se tratara. En efecto, al decir "con la Constitución", lanzaba su mensaje electoral, siguiendo así su campaña de manera sutil. Era un genio el Presidente Fundador, un elevado espíritu, un verdadero enviado de Dios.

Miles de personas intentaron matar dos pájaros de un tiro. Numerosos eran los grupos, organizaciones y asociaciones que deseaban darse a conocer al público esa tarde. Se vieron carteles de las empresas más variadas. ¡¡¡Palabras!!! Se vieron también ONG manifestarse. La asociación de gays y lesbianas de nuestro país estaba allí. Los grupos religiosos de todas las obediencias que predicaban la unicidad y la exclusividad de la verdad estaban también allí. Las ONG que apoyaban al partido de papá, al de mamá, al del Sexo Libre, estaban también presentes en dicha manifestación. Y la gente caminaba como locos. Era una manera de dar prueba de nuestra solidaridad y, al mismo tiempo, una manera de exorcizar nuestros miedos.

La lluvia no dejaba de caer. Se cantaba en nuestra lengua nacional este estribillo que se ha convertido en algo popular: "No está lloviendo, Madrid está llorando…" Ellos estaban muy contentos de ver eso. Se reían y se frotaban las manos. Suspendida la campaña electoral oficialmente, la proseguían a su ritmo.

Y nosotros, nos mojamos como nunca. Ellos, se manifestaban bajo bonitos paraguas aguantados por sus acólitos. Sólo se dieron cuenta de la lluvia por la tele cuando, sentados en sus sofás esponjosos en compañía de sus familiares, reveían sonriendo y satisfechos el video de la campaña electoral que hacían a espaldas de los muertos, desaparecidos y heridos de los atentados. A espaldas de las pobres víctimas del 11-M.

Este pueblo que tenía antes la reputación de ser un pueblo muy católico, sabía creer sin dudar demasiado de sus políticos. Ya que aquí los políticos eran religiosos, nos hablaban de igual modo que hablaban los sacerdotes. Su voz y la de la Iglesia eran una y común. Y nuestro cardenal metropolitano y nuestro Tío Zana se decían amigos y hermanos uno del otro.

Estábamoscansados.Manifestamosnuestrodescontento. Algunas malas lenguas cantaban preguntándose: "¿Quién ha sido?" Otros habían escrito carteles en los que se leía: "Tío Zana, ¿qué fuiste a buscar a Irak?" o algo cómo: "Nuestros votos no se manipulan". Se leía por otra parte: "ETA no". Pero curiosamente, en ninguna parte se pudo ver un cartel que dijera: "Dios bendiga a España" como fue el caso en los EE.UU. hace más de dos años. Así me di cuenta de que este pueblo estaba cansado de creer en Dios, en Tío Zana y en su partido de papá…

3

TOTO TIRA NAMA...
NAMA TIRA TOTO

El tiempo estaba tenso. La noche parecía espesa. Nos habían quitado nuestra alegría permanente. Nos habíamos manifestado por solidaridad con las víctimas de los atentados: nuestros hermanos, amigos y conocidos. Y la lluvia nos purificó.

Pero Tío Zana no supo leer las señales del tiempo. La lluvia de aquella noche no era una casualidad, era un rito, un mensaje celestial que era necesario descifrar. Los antepasados dirían que era una profecía cosmogónica. Sin embargo, nadie, ni siquiera el mismísimo Cardenal se dio cuenta de eso.

Llovió toda la noche. Y en todo el país se convocaron manifestaciones a pesar de la lluvia. Nuestros hermanos catalanes se manifestaron al igual que nosotros, pero ellos cantaban y gritaban su cólera en catalán. No reconocían el castellano como su lengua materna. En cualquier caso, es lo que sus políticos querían hacer creer a los que estaban dispuestos a oírlos. Sus primos en la rebeldía invadieron también las grandes avenidas de su supuesto país para protestar. En la plaza del Pilar en Zaragoza, la gente se echó a la calle como peregrinos para la conquista del mundo. Era un movimiento de manifestaciones como nunca se había visto en nuestro país. El pueblo se levantó para gritar y denunciar la barbarie. Nos convocaron a las manifestaciones, acompañados y respaldados por nuestros hombres políticos que nos daban la sensación de tener la cabeza en las nubes. Nosotros caminábamos pensando en las víctimas de los atentados, ellos pensando en sus votos. Para ellos, en efecto, nosotros sólo éramos personas por analogía. En su interior, en sus ojos y en su espíritu, éramos voces, electores, votos. Pues nos consideraban así en sus cabezas y en sus cálculos políticos. Así también nos trataban. Éramos sus votos. Y los muertos de los atentados, sólo eran para ellos ni más ni menos que votos, unos cuantos electores de menos.

Sin duda, el partido de papá habría preferido que estos atentados se produjeran allí donde solían producirse. El partido de mamá habría deseado lo mismo por razones electorales. Al fin y al cabo los atentados de Madrid eran un mal negocio, ya que quitaban voces principalmente a los partidos de papá y de mamá.

Nosotros nos manifestábamos rezando. Algunos cantaban canciones populares. Bajo otros cielos también se convocaron grandes manifestaciones. En Francia, parece que la gente se manifestó hasta llorar y gritar como se hace en mi tierra. En Irlanda, donde se encontraba Marga de mi corazón, la gente lloró también.

En los Estados Unidos, la gente se manifestó al igual que nosotros. Toda Europa lloró. Pero los países árabes no dijeron ni una palabra. Tenían sus muertos todos los días. Y lo que se consideraba aquí como una de las siete señales escatológicas, no era ni más ni menos que el pan cotidiano allí. Es el caso también de algunos países africanos. El "antemundo" no se conectó. Apenas sí se sabía allí que tales cosas pasaban en alguna parte del mundo. No, no hubo manifestaciones allí porque la gente anda preocupada por las dificultades de la vida cotidiana.

La noche de aquel viernes pesaba demasiado sobre nosotros. En los metros gratuitos que el partido de papá puso a disposición de los manifestantes, íbamos apilados como sardinas. Nadie dijo ni pío. Llevábamos banderas del país, insignias negras que simbolizaban el luto y nos manifestamos. La gente se aburría de estar así, sin vivir. Sobre todo los jóvenes que estaban acostumbrados a cansarse las bocas en los trenes y otros lugares públicos. Ellos que nos ofrecían espectáculos gratuitos de enamorados que se entrelazaban, respirándose el aliento en los autobuses y metros, hasta el punto de gozar y gritar su placer delante de todo el mundo. Ellos que salían de fiesta para olvidarse y huir de las molestias de sus padres... Se veían obligados a mirar las cosas de frente y volver a poner los pies sobre la tierra.

Aquella noche no tuvimos discoteca, ni tampoco sexo porque los cuerpos ya no vibraban. Algunos intentaron tomar un poco de hachís de antemano, pero fue en vano. Pues, ¿cómo es posible besarse cuando uno vive bajo la amenaza de los atentados? ¿Para qué sirve cansarse las bocas cuándo los corazones mismos están fríos y rotos? Todos estábamos muy afectados, preocupados por los acontecimientos. Ya no podíamos más. Y la noche se ponía tensa, cada vez más. Estábamos sin vida.

Fuera de nuestras fronteras no cabía duda de que fue Osama Bin Laden quien perpetró estos atentados. Los medios de comunicación dijeron y escribieron cientos de páginas al respecto. Nos hicieron revelaciones que nos costaba aceptar. Así, ese energúmeno del país de acogida de Mamadou Diallo nos informó que en su oficina tenía una carta del grupo del gran Osama Bin Laden, donde se anunciaba este atentado, nuestro atentado. Se nos mostró dicha carta por la televisión. Estaba escrita en la lengua del gran Osama y pandilla. Así, casi obligados por los medios de comunicación, el gobierno del partido de papá, empezó a lanzarnos unos fragmentos de la verdad. El Ministro del Interior nos informó de cosas extrañas que se habrían encontrado en una furgoneta, las cuales abrirían otra pista, sin descartar la pista principal, que era la de ETA.

Se sabía que el partido de papá quería ganar tiempo. En efecto, todo era cuestión de horas o segundos. Entrábamos de lleno en el día de reflexión, un día previsto por los políticos para permitir al pueblo reflexionar, rezar y concentrarse en familia antes de ir a votar. Aquí vivíamos como los monjes. Los políticos eran religiosos y nuestro Estado era un estado religioso. Éramos uno de los pocos países en la zona Schengen donde el universo religioso y político vivían en tal simbiosis. Pero estábamos muy orgullosos de eso: ¡Que Dios dirija nuestro país es algo bonito y maravilloso!

La niebla invadió el país. El miedo y la confusión nos invadieron a todos. Retiraron programas divertidos de nuestras radios y teles. Días antes, a esa hora de la noche, nos emborrachaban con sexo y gemidos de pornografías salvajes. Bebíamos la sangre de los americanos en sus aburridas películas y nos alegrábamos de las atrocidades ocurridas en otras partes del mundo. Estábamos acostumbrados a ver salir a prostitutas en la tele para enseñarnos cómo enriquecerse con su carne y su coño. Adorábamos eso. Y las llamaban famosas. La tele era agradable para nosotros, ya que nos permitía alimentarnos de suciedades de mujeres y hombres supuestamente famosos. Sin embargo, aquella noche, la tele difundió el dolor, el horror y abrió heridas. ¡Qué humillación! Estábamos heridos en lo más profundo de nuestros corazones.

A raíz de estos programas improvisados, la cadena del partido de papá difundió un programa especial sobre los atentados de ETA de hace no sé cuántos años. Pensamos que no era el momento propicio para endosarnos las imágenes de los atentados de ETA con sus dolorosos recuerdos. El partido de papá quería jugar con los sentimientos de los ignorantes para volverlos contra ETA y así ganar algunos votos, puesto que nuestro pueblo era muy sensible a la cuestión del terrorismo de ETA.

En Internet nos saturaron de mensajes que venían de

gente desconocida. Entonces nos dimos cuenta de que algo no cuadraba. Supimos que había gato encerrado. Por lo tanto, en vez de echar nuestras carnes mojadas y nuestros corazones rotos a la cama, decidimos pasar la noche en blanco. Decidimos velar sin previa concertación. Y pensábamos que éramos los únicos en velar...

Pues no, nos equivocábamos. La emoción de la gran manifestación nos incitó a comprometernos más en este asunto. Hacía falta ver con claridad este tema. Sabíamos que la verdad terminaría por salir a la luz.

Pensábamos ser los únicos en velar en este país donde todo el mundo vivía con una profunda angustia del terrorismo. Los hombres del partido de papá, los del partido de mamá y los del Sexo Libre velaban también. Pero si nosotros lo hacíamos ayunando, con lágrimas en los ojos y dolor en los corazones, ellos se emborrachaban de whisky y discutían sobre las estrategias a adoptar para aprovecharse al máximo de la situación.

Según mi amiga Miji de Deusto, la estrategia del partido de papá estaba bien pensada y parecía sencilla: era necesario llenar el vacío de silencio ocupando los medios de comunicación con comunicados de prensa regularmente. Ella, que sabía mucho sobre la política del partido de papá, pensaba que había dos tendencias: una consideraba que el Ministro del Interior, el ángel del partido, debía revelar toda la verdad a los ciudadanos para dejarles actuar con conocimiento de causa, según su grado de madurez. La otra tendencia, encabezada por Tío Zana, abogaba por una verdad suministrada a la población con parsimonia.

La tendencia del Tío Zana triunfó, como no podía ser de otra manera en un partido donde se adulaba al jefe como un Mesías, un profeta. Por eso, en opinión de mi amiga Miji de Deusto, el Ministro del partido de papá suministraba, dejando pasar horas, retazos de la única y misma verdad que ellos conocían desde el inicio: los atentados eran obra del gran Osama y no de ETA. Le enviaban decir al pueblo que no creyera a estos agitadores franceses y otros que estaban en contra de Tío Zana.

Ese era otro problema dentro de nuestras miserias. Nunca supimos por qué Tío Zana se distanció de nuestros vecinos de Europa para bajarse los pantalones ante el gran guardia civil del mundo. Nadie nos dio una respuesta satisfactoria. Sabíamos, por fuentes oficiosas, que Tío Zana quería hacer de España una potencia regional, pero nadie comprendía por qué no quería hacerlo con el apoyo de nuestros vecinos. Es cierto que nuestro jefe era un político joven y no un joven político. Todo el mundo se inclinaba ante su inteligencia marciana; se veía en él a un dirigente de la categoría de Mobutu o Gadafi… pero una cosa se nos escapaba a todos: su odio declarado respecto a sus homólogos europeos. Si fuera posible mover geográficamente un país por decreto presidencial, Tío Zana hubiera hecho todo para que nuestro país formara parte de los Estados Unidos de América.

Algunos vecinos no soportaban su arrogancia. Los franceses, por ejemplo, estaban muy descontentos al ver a Tío Zana abrirse su propio camino para llegar hasta Washington, cuando España, por tradición, iba siempre detrás de los pasos de la grande y potente Francia. Parece que un consejero del Elíseo dijo que nuestro país era muy afortunado por no estar completamente en África. Todos conocemos la suerte reservada a los presidentes africanos francófonos que se niegan a seguir los grandes pasos de la gran Francia. Se les aplasta de una manera o de otra desde el Elíseo. Si no se hace por vía diplomática se hace por vía militar, sin escrúpulos. ¡Ah, esta Francia de nuestros sufrimientos!... ¿Hasta cuándo seguiremos así?

Volvamos a nuestro asunto. Sin duda, el hecho de que el partido de Tío Zana esté compuesto, apoyado y alabado por eminentes miembros del clero católico, molestaba a los peces gordos del Elíseo y de Matignon. A ellos les gusta que lo que piensan y hagan sea considerado como la única manera de pensar y de hacer. Allí la gente defiende el laicismo. Al combatir a los musulmanes, bajo algunas formas en que se presentan, se atacaba a los cristianos sin nombrarlos. Incluso mi amigo y gran hermano Jean Nestor, sólo se dio realmente cuenta el día en que Francia se opuso al reconocimiento del cristianismo como un valor europeo.

Tío Zana, bajo las órdenes de su eminencia el cardenal, puso todo su empeño para que el cristianismo formara parte de la Constitución de la Unión Europea. Francia exigió lo que todos sabemos. Por ello se decidió construir Europa sobre bases laicistas y no cristianas. Y eso con gran pesar del pobre Papa Juan Pablo II que recibió este golpe como otro clavo en la corona de espinas que llevaba sobre su cabeza. El pobre Papa se quedó sin palabras para convertir los corazones de los grandes de Europa. Pero eso era un problema personal entre Tío Zana y el viejo del Elíseo.

En efecto, según Pablo Enrique de Saint-Cyr, no era del todo imposible que detrás de los conflictos entre Tío Zana y el viejo del Elíseo se ocultase una mujer. No obstante, mi hermano del mismo país, Rolf Baby, que no se interesaba realmente por la política, no creía en la tesis de mi amigo Pablo Enrique de Saint-Cyr.

En cuanto a mi brazo derecho en Madrid, Pilar Mascaraque, más experta en cuestiones religiosas que políticas, me confió una cosa extraña durante la noche de dolor: según ella, el partido de mamá quería aprovecharse de la situación tanto como pudiera para ganar las elecciones. Me dijo que tenía información de buenas fuentes según las cuales habría divisiones en el partido de mamá. Un grupo presionaba para que Tío Sapatu hiciera un poco más de ruido de lo que hacía. Para este grupo, el silencio de Tío Sapatu dejaba el terreno libre al partido de papá, que aprovechaba su situación en el poder para hacer campaña sin hacer campaña. Otro grupo, estaba más bien por los valores humanos de respeto a los muertos, de solidaridad con las víctimas y sus familiares. Este grupo estaba convencido de que el pueblo juzgaría con responsabilidad la gestión de la verdad de los atentados por parte del gobierno del partido de papá.

Sin duda mi brazo derecho en Madrid tenía fuentes seguras, ya que la historia le dio la razón. En efecto, esa noche apareció un miembro del partido de mamá en la tele para decirnos algo que abrió nuestros ojos y nos fortaleció. Uno del partido de mamá, que no era Tío Sapatu en persona, vino a decirnos que, por respeto a los muertos, por solidaridad con las víctimas supervivientes, padres y conocidos, en comunión con el pueblo y por haberse enterado de que el gobierno del partido de papá suministraba en pedazos la información que tenía, el partido de mamá exigía al partido de papá que confesara toda la verdad antes de las elecciones generales que iban a tener lugar en las horas que seguían.

Gracias a esta declaración del partido de mamá hecha a una hora muy tardía, nos dimos cuenta de dos cosas: que esta gente, comúnmente llamada hombres políticos, eran unos mentirosos, no dormían; y que el grupo en el partido de mamá que estuvo a favor del ruido, triunfó sobre el otro que proponía el silencio.

Entonces, como ya era costumbre, los medios de comunicación, acapararon el problema para cocinarlo como bien sabían hacerlo. Se interpretó el comunicado de prensa del partido de mamá como un ultimátum lanzado al partido de papá para que dejase de manipular la información.

Sabíamos que Tío Sapatu se ponía de acuerdo en gran parte con Tío Zana sobre varios temas, pero al aproximarse las elecciones generales, las discordancias se hacían cada vez más grandes y profundas. Se pensó que Tío Sapatu no apareció en la tele por compasión y solidaridad con las víctimas, padres y amigos de las víctimas. Pues no fue por eso. El señor "hasta cuándo" lo hizo con la intención de hacer campaña sin hacer campaña.

El día de reflexión iba a comenzar así, con electricidad en el aire. En cada cuartel general se torcían los cerebros. El partido del Sexo Libre no pronunció ningún discurso. Los otros partidos, como el de nuestros hermanos llamados separatistas catalanes, no se pronunciaron tampoco. Lo único que su presidente dijo es que el gobierno mentía sin vergüenza. Los otros hermanos en la rebeldía tuvieron que retractarse en silencio, ya que su presidente cometió la gran idiotez de asignar a ETA lo que sólo el gran Osama podía hacer.

A decir verdad, de todos los dirigentes políticos del mundo, sólo el gran Osama reconoció su afición al terror con el fin de vengarse de las guerras impuestas a su pueblo. Aunque todos los dirigentes de los países potentes sean terroristas según las circunstancias, como diría Mamá Noel Celia de Torrelavega, raros son los que reconocen su "belicismo" congénito camuflado bajo la legitimidad de sus Estados o sus leyes que califican de internacionales. Estos dirigentes, que son minoritarios pero de los más potentes del mundo, no suelen explicar a sus ciudadanos que, en parte, les dan de comer, beber, bailar, cantar y reír gracias a la sangre derramada en otros países; gracias a la sangre de aquellos que acostumbran a llamar "pobres". Esta era una verdad que sus políticos les ocultaban.

Los ciudadanos occidentales han aprendido más bien a sentir lástima de la gente que se estanca en la miseria en otros países del mundo. Se les ha acostumbrado a creer que los otros países van a desaparecer porque allí la gente no quiere trabajar. Por eso difunden en sus pantallas imágenes de guerras civiles, inundaciones, pandemias de hambre, miserias, etc, sin que sus medios de comunicación expliquen que los verdaderos y grandes responsables de esas miserias son, en parte, sus dirigentes políticos. Al contrario, invitan a los ciudadanos a la solidaridad con estos pobres a quienes envían ayudas que éstos no recibirán nunca.

Pero está escrito que no se puede decir todo al pueblo. Sobre todo a un pueblo que no tiene la cultura de la duda y que está aún luchando por la supervivencia. El filósofo habría dicho que este pueblo no había superado el límite máximo de la fase religiosa, sino que estaba aún en la fase estética de su crecimiento.

Vimos el sol en el horizonte ese día de sábado. Era un sol que vimos levantarse desde primera hora de la mañana, porque no tuvimos tiempo de dormir.

Las familias estaban divididas a imagen de nuestros políticos. El verdadero conflicto de generaciones salió a la luz. Los padres y madres, los abuelos y abuelas, los tatarabuelos y tatarabuelas seguían confiando en la exactitud, la bondad, la honradez y el sentido de responsabilidad de Tío Zana y su partido. Sin embargo, los jóvenes en su mayoría tenían la convicción de que el justo, profeta y Mesías, Tío Zana, había tropezado y había sucumbido.

El poder es parecido al sexo y al dinero. Es una de las cosas capaces de transformar un ángel en demonio. Para comprobarlo hay que acercarse a los hombres de iglesia. Ellos que pretenden llevar su vida fuera de las glorias y vanidades de este mundo son, curiosamente, capaces de atentar contra la vida de uno de los suyos por el poder, la gloria, el dinero e incluso el sexo.

El comunicado de prensa de Tío Sapatu, pronunciado por un miembro de su partido, causó desórdenes en las conciencias. Más que desórdenes, fue un comunicado que llamó nuestra atención y nos despertó. Nos dimos cuenta de que lo que Arianne decía desde Niza era la verdad. Comprendimos que los pueblos vecinos de toda Europa comenzaban a tratarnos de pingüinos y asnos felices porque seguíamos creyendo en las verdades del Tío Zana y su partido. Incluso, el aparente buen amigo de Tío Zana, el jefe de la guardia civil mundial, reconoció públicamente lo que la mayoría de nuestros vecinos nos decían con insistencia.

La verdad no siempre es bienvenida. A pesar de todo, el ángel del partido de papá, Ministro de Interior, ese sábado por la mañana, vino de nuevo a regalarnos otros pedazos de nuestra verdad para jodernos. Nos dijo, sin vergüenza, que otras pistas serias que conducían al gran Osama y camaradas acababan de abrirse, pero eso no descartaba la principal pista que era, y seguía siendo, la de ETA. Él, que afirmaba horas antes que pensar en otras pistas distintas de las de ETA era un insulto a nuestro pueblo, empezó a reconocer que su partido y él mismo no creían realmente lo que nos contaban.

Propaganda. Manipulación. Fornicación política. Era la verdadera cara del partido de papá que aparecía en el gran día. Todo estaba dicho: creíamos que el gobierno ganaba tiempo.

Tío Zana, según algunos periodistas, habría tomado personalmente la iniciativa de llamar a los directores de algunas cadenas extranjeras para informarles, por su propia y santa boca, que dice siempre la verdad, que ETA era la indudable autora de nuestros atentados. Peor aún, según lo que los mismos periodistas nos dijeron, el mismo Tío Zana habría pedido a su camarada encargada de los asuntos exteriores que hiciera algo para salvar el poder. Y la pobre mujer, que no creía en lo que hacía, se puso a enviar decretos a todos los embajadores de nuestro país y de otros países, para decirles la única cosa que Tío Zana quería que la humanidad entera supiera: ETA quería derrotar al partido de papá. ETA quería matar a Tío Zana porque éste siempre se había mostrado muy firme con sus miembros. ETA quería acabar con la Familia Real porque no se pronunciaba a su favor. ETA quería causar daño al pueblo español que, a pesar de sus manifestaciones contra el Prestige y la invasión de Irak, seguía votando a favor de Tío Zana y su partido. A grosso modo, ETA quería romper la democracia occidental.

Todo eso se reveló falso y un gran engaño cuando, desde la gran Organización de las Naciones Unidas, los imbéciles felices reunidos allí, expresaron su indignación y furia acerca de la mentira de Tío Zana. Algunos de ellos ordenaron a Tío Zana retractarse y pedir perdón a la humanidad. El africano, Secretario General de la ONU, no pudo ocultar su indignación respecto a nuestro presidente fundador a quien dijo expresamente que a lo largo de su profesión, nunca había visto a un presidente fundador que fornicara con la ONU. Muy furioso, de la manera que conocemos todos, le faltó poco para que su organización votara sanciones en contra de nuestro país. No soportaba que un individuo indujera a error a toda la organización de la que él tenía la pesada responsabilidad.

La furia del jefe de la ONU llegó a nuestros oídos ese sábado y Tío Zana, avergonzado y humillado, no tuvo la audacia de cambiar su mentira en verdad. "Lo que está dicho, está dicho", se oía decir en el entorno de su partido.

4
¡BASTA YA!

Elena, mi compañera de piso y amiga, acumuló más de 72 horas de sueño. Hizo de aquel drama un asunto personal, familiar. Nos prohibimos dormir. Borracha de dolor, decepcionada por los políticos, sobre todo los del partido de papá, pensó diluir sus sufrimientos en el alcohol y el tabaco. En la época en que pintaba, se habría sentado confortablemente en su despacho para expresar con nitidez, claridad y vivacidad, toda esta violencia que sacudía el país y perturbaba nuestros espíritus. Por desgracia, no se pinta un cuadro como se pinta una casa. En el arte no basta la voluntad, también es necesaria la inspiración.

Al igual que los jóvenes de su generación, mi amiga Elena no se interesaba casi nunca por la política. De hecho, su generación no estaba comprometida. Por decirlo de otra forma, su compromiso no tenía nada que ver con la política. Su lucha ante todo, era por su estómago. Luchaba para encontrar trabajo y, una vez encontrado, era necesario agarrarse a él para no perderlo.

Trabajando se podía ganar dinero para cubrir las necesidades primarias y fundamentales, que eran: fumar, hacer el amor, emborracharse, drogarse, etc. Por esta razón a la gente de aquí no le gustaba pasar demasiado tiempo sentada en las aulas ya que, al fin y al cabo, los largos estudios no servían para nada en este viejo país. De hecho los que se licenciaban en jamón como en alfabeto español, terminaban por encontrarse con los extranjeros con o sin papeles en los trabajos domésticos, de hostelería, de albañilería e incluso de limpiadores de zapatos.

Era desagradable para Tío Zana, que gritaba por todas partes que nuestro país crecía económicamente. Al parecer él y nosotros no vivíamos en el mismo país. A veces nos preguntábamos si el país del que hablaba tanto existía de verdad, o solamente en su cabeza, ya que la mayoría de nuestros amigos o familiares seguía prostituyéndose en cuanto al trabajo, pasando de un trabajo a otro en unos meses, o acumulando dos o tres empleos para llegar a fin de mes.

El caso de mi amiga Elena era impactante. Cursaba la carrera de las letras del alfabeto español en la universidad. Al mismo tiempo trabajaba como asistenta a domicilio y, los fines de semana, trabajaba en un bar. En nuestras conversaciones, me confesaba que ella estudiaba por estudiar. O por decirlo como a ella le gustaba, estudiaba porque tenía una beca. Estaba harta del país y planeaba viajar a Somalia para buscar una vida mejor. Sin embargo, carecía de medios para financiar su viaje y su estancia.

El teléfono sonó. Elena descolgó. Pero me llamaban a mí. Inmediatamente me pasó el teléfono y mi sorpresa fue grande al oír la voz de la que me llamaba. Mónica, nuestra trabajadora social. Nunca había imaginado que un día me llamaría por teléfono. Y el asunto de su llamada fue otra sorpresa.

— ¿No te acuerdas de mí? - preguntó.

— Por supuesto que sí. Mónica, ¿verdad?

— Sí, soy yo.

Sus palabras carecían de claridad. Al igual que Elena ella se hundía en el caos debido a esas noches sin dormir que acumulábamos a pesar nuestro.

— ¿Viste? prosiguió.

— ¿Qué?

No sabía muy bien de qué hablaba. Pero hablaba con total seguridad e insistencia.

— ¿No leíste el mensaje que te envié? Por favor, pásalo a los demás.

— No sé de qué hablas Mónica, no he visto nada.

Mi respuesta pareció enfriarla, pero se esforzó en disimular su dolor o su decepción.

— Te lo ruego, consulta tus mensajes, leerás el mío.

— Ok - le dije- No te preocupes, lo hago inmediatamente.

Estaba a punto de colgar cuando la oí decir: "Sabes que cuento contigo. Y créeme, la mejora de tu vida como "sin papeles" está en juego, así que no me falles, cuídate. Hasta la noche. Besitos."

- ¡Hasta la noche!

Estas palabras no me dejaron indiferente. Imaginé que podía ser el comienzo de una de esas aventuras que terminan en la cama. No obstante, cuando recordé la manera con la que ésta nos trataba en el centro de refugiados, rechacé dentro de mí, el menor deseo del deseo de encontrarme perdido entre los brazos de esta muchacha. No, ella misma no dejaba de decir que no creía en el amor.

Cogí sin tardar mi teléfono para descubrir la buena sorpresa. Mi corazón latía deprisa. Pensé que un gran acontecimiento se produciría pronto. Cuando leí su mensaje mi corazón dejó de latir y una ligera sonrisa se dibujó en mis labios. Y me dije a mí mismo: "lo contrario me hubiera sorprendido". En su mensaje se podía leer: "Esta tarde: Puerta del Sol. Manifestamos. BASTA YA. Pásalo por favor, besitos, Mónica"

Inmediatamente se lo comenté a mi amiga Elena. Me dijo que algo así había oído por ahí. Parecía cansada. En su lugar me habría acostado religiosamente en la cama dejando libre curso a mi espíritu para errar en los espacios desconocidos de los humanos. Pero Elena era una intelectual. Se negaba a ir al mismo ritmo que sus padres, que huían de los problemas. No soportaba ya a Tío Zana. Solía repetir que Tío Sapatu no era mejor que

Tío Zana, pero hasta votaría por el primer payaso que se presentase para evitar que el partido de papá ganara de nuevo las elecciones.

¡Sí! La sabiduría bantú dice que se puede joder a una parte del pueblo todo el tiempo, se puede también joder un tiempo dado a todo el pueblo, pero no se puede joder a todo el pueblo todo el tiempo. Nuestro país tenía aún vivos recuerdos de su famoso dictador. Recordábamos casi cada día cómo jodía a todo el mundo: hombres, mujeres, niños, jóvenes y viejos. Las cadenas de televisión siempre refrescaban nuestra memoria sobre estas páginas turbias y sucias de nuestra historia. Y curiosamente, Tío Zana seguía tratando a la gente de la misma manera que el mismísimo Franco había tratado a los padres de Elena, así como a los padres de los padres de sus padres. Nada más que por eso yo entendía la rabia de Elena y de sus amigas decididas a derrotar al partido de papá.

Esperábamos que todo el pueblo lo comprendiera y que pusiera fin a las veleidades del partido de papá que había superado los límites de lo tolerable. ¡No! Los que desde la noche de los tiempos votaban por el partido de papá se preparaban firmemente a votar por este partido. Y siempre, según la tradición, estábamos todos invitados a reflexionar silenciosamente a lo largo del sábado antes de ir a votar.

Pero los bantúes lo predijeron hace siglos: No se puede joder a todo el pueblo todo el tiempo. Aquella noche una buena parte del pueblo se negó a hacer el amor con el partido de papá. Para gritar a plena luz del día, invitaron a la prensa internacional y convocaron una manifestación por la verdad. Sin embargo, nadie nos dijo quién la convocó. Todos sabíamos el porqué de la manifestación. Estábamos de acuerdo sobre el hecho de que era necesaria. Pensábamos que todo el pueblo tenía el deber de manifestarse hasta que el partido de papá vomitara toda la verdad que guardaba en secreto respecto a los responsables de los atentados. No obstante, creíamos también legítimo conocer a los verdaderos responsables de la manifestación para que no nos sintiéramos jodidos una vez más. Pero no, no pudimos saberlo.

Elena cogió todos los instrumentos para esa tarde. Me tendió un pito que nunca había visto antes. Nos echamos algunas dosis de whisky, así como de Coca-cola mezclada con vino tinto, denominado en la jerga de aquí calimocho. Muchas amigas de Elena preferían la droga al whisky. Pero por razones que nunca entendí, Elena odiaba la droga, a pesar de la presión de sus amigas.

La droga entró en nuestra cultura al mismo tiempo que la Coca-Cola. La pasión con la que consumíamos la Coca-Cola, sobre todo cuando acababa de invadir nuestros supermercados, preocupaba mucho a nuestros padres. Sin embargo, ellos mismos consumían carne exactamente como nosotros consumíamos la Coca. Pero como el jorobado no ve nunca su joroba, nos prohibían firmemente el consumo de la Coca. Y para poner de manifiesto que éramos diferentes a ellos, nos lanzamos al consumo del polvo hasta el punto de hacer de ello una fuente de enriquecimiento.

En la Puerta del Sol, a esa hora de la noche, sin un poco de whisky o Coca, nadie hubiera resistido... Elena se empapó de alcohol y cuando encontramos a sus amigas, el ambiente era tan divertido que olvidamos los efectos secundarios de la Coca que consumimos. La atmósfera estaba contaminada por el humo del polvo. Se parecía a una manifestación de los profesionales de la Coca. En realidad, en nuestra cultura, el whisky, el calimocho, el sexo, y el polvo iban juntos. Uno no iba sin el otro. Tío Zana lo supo temprano, por eso cerró sus ojos a los traficantes que venían de los países lejanos.

Algunas bocas impuras que olían a marihuana afirmaban que varios miembros del partido de papá eran directa e indirectamente traficantes de estas cosas. Pero nosotros, a pesar de nuestra opinión poco favorable al partido de papá, nos negábamos a creer estas mentiras fruto del rumor. No lo creíamos por una razón simple, Tío Zana, nadie lo ignoraba, era un ferviente creyente que vivía en cumplimiento estricto de los Diez Mandamientos, confesando sus pecados cada domingo sin dejar de pecar cada día. Lo mismo podíamos decir de la gente de su partido.

Otros decían que sólo podía ser miembro del partido de papá el que se bautizó, recibió la confirmación y en la medida de lo posible, se casó por la sola y única Iglesia de Roma. No podía ser más falsa la mentira según la cual, la gente del partido trapicheaba con aquellas cosas llamadas drogas. A no ser que se nos diga que uno puede ser buen cristiano y un trapichero... ¡Al diablo los rumores, así como los que los inventan!

Las luces que alumbraban la Puerta del Sol nos ayudaron a darnos cuenta de que éramos una multitud de manifestantes. Si bien es cierto, que muchos de nosotros estábamos borrachos y drogados a tope, también es cierto que algunos sólo se emborrachaban de salivas que se intercambiaban para cansarse las bocas. La gente repentinamente recuperó sus costumbres. O casi. El lugar de la manifestación era para nosotros un lugar simbólico. Simbolizaba también la libertad: dejarnos llevar, disfrutar al aire libre, la liberalización de nuestros impulsos y nuestros apetitos carnales.

Esta muchedumbre inmensa que invadió la Puerta del Sol aquella noche, se asemejaba a un rebaño de ovejas sin pastor. En cualquier caso es lo que Elena y yo creíamos. Nos manifestábamos porque no podíamos aguantar más palabras falsas y melosas del partido de papá. La verdad. Sí, queríamos que el partido de papá dijera la verdad. Nuestra verdad, que conocíamos pero que el partido de papá había confiscado. Y por eso, nada más que por eso, libre y espontáneamente, decidimos manifestarnos con tambores.

¡La verdad! ¡La verdad! La verdad ha provocado numerosas y distintas víctimas en este mundo. En su nombre se insultó y rechazó a millares de humanos y se mató también. En nombre de la verdad, algunos se enriquecieron y otros bebieron la sangre de los miserables. Por la verdad, los países se dividieron y los pueblos incitados a las guerras... ¡La verdad! Pues, a parte de la verdad que está fuera de la serie, la verdad es que la verdad sólo existe en nuestras cabezas.

Tenemos verdades y nos aferramos a ellas. Porque todos tenemos necesidad como personas, de razones para actuar y vivir. Y necesitamos certezas, verdades, con el fin de justificar nuestras acciones: buenas, malas, criminales, humanitarias, etc.

Nadie se preguntó si valía realmente la pena exigir que el partido de papá vomitara una verdad diferente de aquella que había dicho hasta entonces. En los países de los pueblos que cogitan a lo largo del día, la gente se habría preguntado si exigir al otro, a un partido político, al gobierno, una verdad distinta de aquella que había publicado, no era una pretensión de poseer uno mismo dicha verdad. La gente de aquí, por falta de madurez política quizá, no se había planteado estas cuestiones. Creían, como lo habían hecho hasta antes de los atentados, que el partido de papá no decía la verdad.

Dicho de otro modo, el pueblo estaba seguro de que el partido de papá, soltaba poco a poco lo que ya sabía desde el mismo día de los atentados, o quizás antes. El pueblo es, a veces, ciertamente tonto, loco e idiota, pero su idiotez es tal vez razonable y racional. Por eso no se le puede joder todo el tiempo.

A los gritos de "¡Basta ya!; ¿Quién ha sido?", nos encaminamos instintivamente hacia la sede del partido de papá. No sabíamos quién nos conducía allí. Si fuese una peregrinación a Fátima por ejemplo, se habría dicho que era el Espíritu Santo en persona quien nos conducía. ¡Pero no! Era nuestra manifestación, nuestra marcha que no tenía nada que ver con el Espíritu Santo. Pero había ciertamente un guía. Desgraciadamente, no lo vimos y no pudimos verlo a lo largo de nuestra marcha nocturna.

En la sede del partido de papá, a esa hora de la noche, podíamos imaginarlo todo, excepto lo que había. Tío Zana y Tío Madenfu estaban allí. Estaban allí todos los grandes del partido de papá. Reflexionaban o rezaban para ganar las elecciones. Nosotros, que creíamos que durante el día de reflexión las reuniones estaban prohibidas, nos sorprendimos de encontrarlos allí a todos. Entonces comprendimos que esta gente no duerme como creíamos.

Pues aprovechamos su presencia para presumir y hacernos valer. Los tambores salieron de no sé dónde. Y todos tocamos el ritmo de esa canción que sólo tenía un estribillo sin coplas: "Basta ya". Aclamábamos cuando las cadenas de televisión de los países vecinos se mezclaban con nosotros para hacer dinero con nuestras ideas y nuestras horas de marcha y contestación.

Nuestros gritos de desamparo, esos minutos y esas horas que nosotros pasamos delante de la sede del partido de papá para reclamar la verdad, todo eso, se calculaba en miles de euros para estos periodistas y sus reporteros. Una vez más seguirá siendo cierto que la desdicha de unos hace la felicidad de otros. Eso sí que es una ley cruel de la naturaleza y contra la que nadie puede luchar, desgraciadamente.

Muy cerca de nosotros se encontraban unos jóvenes entusiastas y llenos de energía. Tenían un aspecto poco común. Vestidos de negro, parecían muy felices de encontrarse allí a esa hora de la noche, de hacer historia en vez de sufrirla. Para mi gran sorpresa, mientras que algunos gritaban su cólera lanzando sin cesar el "Basta ya", otros se cansaban las bocas entre ellos. Se cansaban sus bocas a la vista de todos olvidando que estábamos allí para exigir nuestra verdad, que el partido de papá ocultaba bajo sus lujosos sofás.

Se entrelazaban y se acariciaban para mi gran asombro. Y yo que nunca había visto eso en mi vida, me quedé asombrado. Bebía sus gestos con mis ojos. Hombres fuertes, robustos, vestidos todos con ropas de color negro, con cadenas por todo el cuerpo, acariciándose entre ellos hasta cansarse las bocas, al aire libre, delante de las cámaras,... nunca en mi vida había visto nada similar. Elena, mi amiga, se dio cuenta de mi sorpresa, se acercó a mí y me dijo al oído que aquellos eran los famosos gays: una clase de nación, dentro de la nación que defendía el derecho a la liberalización del sexo.

Eran pues, en mayoría, gente del partido del Sexo Libre, ya que la gente de este partido defendía el derecho de fornicar entre hombres, entre mujeres, y entre hombres y mujeres, entre hombre y animal por qué no. Lo llamaban el derecho a la no discriminación sexual. ¡Oh, como adoro a Europa y a los Europeos! Europa donde todo comienza y donde todo termina. El continente de lo mejor y de lo peor: todo vale.

Aquella noche al volver a casa estaba muy inquieto, impaciente. Cosa curiosa, al dormir, me puse a pensar mucho en nuestros antepasados que, sin demasiada ciencia ni tecnología, intentaron vivir felices y convivir con los demás. Pensé en los valores de la sociedad, de nuestras sociedades. Intenté proyectar una mirada prospectiva sobre el mundo y tuve miedo... ¡Pues sí! Puede que no sea tan absurdo pensar que nuestro mundo sufre y sufrirá aún mucho tiempo de un virus cuyo nombre es Occidente.

5
TRISTE DOMINGO DE FELICIDAD

En aquel tiempo éramos portada de la prensa de todo el mundo. No digo la portada mundial, ya que no puedo certificar que en el país del gran Osama Bin Laden lo que pasaba en nuestro país tuviera un interés particular. No puedo tampoco confirmar que en los reinos de Kabila, Wade, Mandela o Gadafi se tuvieran los ojos dirigidos hacia nuestro país. Eso sería demasiado pretencioso, y sobre todo, que alejen de mí la vana pretensión de fustigar a ciertos imbéciles que toman a Occidente por el mundo. No cometería nunca, jamás, esta equivocación. Cada uno es, en efecto, libre de creer que el mundo comienza y termina en su ombligo. Y la libertad de opinión, que algunos interpretan como la libertad de saber y de ignorar, es aquí un derecho fundamental. Es un derecho incluso inviolable. Un derecho que sólo disfrutamos nosotros, pueblos civilizados, civilizadores y potentes.

Así cada uno disfruta de su derecho a decir la verdad y a mentir. Ya que verdad y mentira, ciencia e ignorancia, constituyen para algunos los valores fundamentales de la democracia. Forman parte de la libertad de opinión y de pensamiento.

Digamos pues, las cosas tal como son, una parte importante del mundo tenía las cámaras dirigidas hacia nosotros. Numerosas eran las personas que vieron las manifestaciones de la víspera por la noche. Nosotros mismos nos sorprendimos al enterarnos de que en todo el país el día de reflexión se transformó en un día de reivindicación y manifestación por la verdad, nuestra verdad, que el partido de papá guardaba celosamente por intereses electorales. Éramos pues, todo un pueblo en busca de la verdad, nuestra verdad. Y el pueblo se manifestó como empujado por el mismo espíritu.

Nuestros hermanos autonomistas de Barcelona salieron a la calle para manifestarse contra la verdad ocultada al pueblo. Los de la ciudad de Santiago también fueron muchos en las calles. En Zaragoza, Navarra, Valencia, hasta en el reino de mi amor adorado y soñado de toda eternidad, la reina de la Mifi, había manifestaciones por la verdad. Según algunos medios de comunicación, su eminencia, Monseñor arzobispo metropolitano, invitó a la gente del partido de papá a un ayuno improvisado, ya que estas manifestaciones espontáneas profetizaban una derrota electoral. Pero Tío Zana se negó a participar bajo el pretexto de que él había decidido dejar las cosas de su partido sobre la barba de Tío Mandefu.

Elena y yo pudimos finalmente dormir en paz,

conscientes de haber lanzado nuestro mensaje a los sabios del partido de papá. Obviamente, Elena me transmitió su odio por el partido de papá. Es cierto que en España, como extranjero, era más fácil estar contra el partido de papá por la simple razón de que defendía un nacionalismo abstracto y anacrónico. No obstante, personalmente considero que se elige a un gobierno en primer lugar, y sobretodo, por el bien de su pueblo. En este sentido, hay que lamentarse del país del guardia civil mundial donde la elección del presidente se basa, a veces, en las pretensiones exteriores de su partido o del candidato a la presidencia.

Oía ronquidos procedentes de su habitación. Era Elena que dormía. La pobre estaba demasiado cansada y no podía dormir en paz. Yo madrugué, ya que el domingo era para mí un deber ir a misa. Me preparaba pues, para irme. Elena no se molestaba para eso.

Para ella, la misa era una invención de la que se sirven los hombres en el poder para engañar a la gente. Me molestaba escuchar sus severas críticas hacia la Iglesia. Sin embargo, consciente de que me encontraba en un país donde Iglesia y Estado a menudo hacen buena cocina, no dudaba en replicarle que en realidad la misa es, en primer lugar, una prefiguración del Reino donde los hijos de Dios se reúnen en torno a su Padre y no una reunión política para dejarse joder por los líderes políticos. Sin embargo, Elena consideraba mi ciencia teológica como una ciencia ideológica. Qué más da, no obstante, nunca le di la ocasión de impedirme ir a misa, a pesar de sus severas críticas.

Al contrario que otros domingos, la iglesia se llenó especialmente aquel día de las elecciones. El sacerdote estaba muy contento, ya que a lo largo del año litúrgico se lamentaba de la escasa participación de fieles en las celebraciones. Se quejaba de que no había jóvenes en la parroquia. Y al seguir sus homilías de cerca, yo deducía que para el sacerdote un cristiano mayor valía menos que un joven cristiano. Era, en general, la impresión que uno podía sacar de esta iglesia que lloraba siempre y en todo lugar por la ausencia de los jóvenes en la vida eclesial, por todas partes y en todo momento.

Aquí la mayoría de los sacerdotes se sentían muy cómodos en las estructuras del Vaticano I y no tenían la perspicacia de ser sacerdotes de otra manera, más que celebrando misas los domingos. Así pues, en vez de ir al encuentro del pueblo, de los fieles, esta iglesia seguía esperando al pueblo de Dios en las parroquias. Para estos sacerdotes fuera de la parroquia, no había iglesia.

Afortunadamente ese domingo, los jóvenes, los mayores, los niños estaban allí. Esperábamos que el sacerdote nos animara en nuestra determinación de echar del poder al partido de papá. Por esta razón fuimos muchos a misa. Nada más que por eso. Un poco como para mendigar una bendición que fortaleciera nuestras convicciones a pocas horas de las elecciones generales.

Desgraciadamente, la homilía de nuestro sacerdote fue decepcionante en cada uno de sus puntos. Ni siquiera tuvo la sabiduría de leer las señales del tiempo. Ni siquiera pensó desvelar velando. ¡No! Predicó lo que la Iglesia lleva predicando siempre en nuestro país, desde el reino del gran Franco. Y ello a pesar de las evidentes manipulaciones del partido de papá.

En su homilía, el sacerdote dijo de forma expresa que, por supuesto, sabíamos todos a favor de quién votar ese día: "En la danza enloquecedora que vamos a bailar este domingo, día del Señor, bailaremos todos con el único pie, el pie derecho y con la única mano, la mano derecha."

El pueblo de Don Quijote tiene el arte de descifrar los enigmas. Tiene el gusto de las metáforas. Y siempre se le ha reconocido la primacía en este ámbito. Su pasión por la cartomancia no es más que la difusa expresión de estos apetitos congénitamente nacionales. El sacerdote no necesitaba nombrar las siglas del partido para que el pueblo de Dios fuera en masa a votar por este partido.

Sin embargo, la gente estaba hasta las narices de las órdenes de los eclesiásticos. Tanto Monseñor el arzobispo metropolitano, como Tío Zana, nos habían jodido demasiado y no queríamos seguir así. Habíamos elegido voluntariamente desobedecer al sacerdote. Y lo demás no nos importaba.

A la salida de misa tuve la desdicha de encontrarme en el pequeño grupo donde se encontraba el sacerdote. Y allí asistí a una conversación entre él y algunos jóvenes que intentaban hacer decir al sacerdote cosas que, por profesión, no puede permitirse decir, aunque las pensara como persona.

Aquel funcionario de Dios, que tenía ya cierta edad, hizo hincapié en el hecho de que la experiencia en este país había demostrado que el partido de papá es el de la verdad, el desarrollo y el crecimiento económico, mientras que el partido de mamá es el de la idiotez. Y añadió sacando pecho: "Para un sacerdote cultivado, formado y bien informado por su jerarquía, es completamente absurdo y pueril votar por el partido de mamá, ya que esto sería como crucificar a Cristo una segunda vez." Y para concluir su homilía post-litúrgica dijo: "Sois demasiado jóvenes para comprender".

Tras estas palabras me escurrí entre la muchedumbre para buscar mi camino. Estaba demasiado cansado para beber y emborracharme de las elucubraciones político-teológicas de nuestro reverendo sacerdote. Mi Inmortal habría dicho que a cada uno su canción, su estribillo y su razón. Debía rápidamente reunirme con mi amiga Elena con el fin de ir a las urnas.

Al ver la cola de la gente que esperaba su turno para votar, se creería que los muertos habían salido de sus tumbas para votar. Estaba lleno de gente. Y en cada una de las caras de los votantes, se podía leer la rabia y el deseo de venganza. Entre la gente se percibían unos pocos americanos del sur que hablaban entre sí. Debían de ser ecuatorianos. De repente me acordé, que Tío Zana distribuyó gratuitamente y con carácter póstumo, la nacionalidad española a los extranjeros muertos durante los atentados, así como a los miembros de sus familias más cercanas que vivían en el sagrado territorio español.

Circulaban también rumores según los cuales, Tío Zana quería distribuir el carné de miembro de su partido a los españoles víctimas de los atentados. Pero fue una propuesta que miembros de su partido, muy celosos de su carné del partido, bombardearon sin piedad. Al final, Tío Zana se limitó a ofrecer, a guisa de viático, a los pobres infelices extranjeros víctimas de los atentados, la santa nacionalidad española.

Se habría dicho que algunos extranjeros presentes en las largas colas observadas en varios centros de voto, eran reaparecidos que querían vengarse también, a su manera, de Tío Zana. Cada votante quería pues vengarse, los autóctonos se vengaban de Tío Zana por no haber sido sincero con ellos y los extranjeros, vulgarmente llamados inmigrantes, se vengaban de la misma persona por haberles impuesto la nacionalidad con carácter póstumo. Ellos que sufrieron bajo el peso del desempleo, la explotación en el trabajo, la discriminación y la humillación de ser tratados como don nadie, simplemente por no tener papeles.

En los círculos de extranjeros se acogió mal esta decisión del Tío Zana, que no tenía ciertamente ningún fin político, tal y como afirmó el ángel del partido de papá, el Ministro de Interior. Algunas Organizaciones No Gubernamentales la calificaron de insultante. Otras, sólo vieron en esta decisión otro capricho del Tío Zana que disfrutaba de hacerse pasar por Papá Noel en persona.

Pero Tío Zana, todos lo sabemos, no tomaba

decisiones a la ligera. No, él tenía consejeros políticos, económicos y espirituales. Fue tras consultar a sus consejeros, que tuvo la brillante idea de dar la nacionalidad española a los extranjeros muertos durante los atentados o a los que eran víctimas, porque nunca se sabe, algunas nacionalidades pueden ser llaves que abren a los difuntos las puertas para acceder al paraíso. Si no fuera así, se comprendería mal por qué un hombre político de la clase de Tío Zana, impondría la nacionalidad de su país a los cadáveres que nunca la habían solicitado.

Pues no es bueno poner en tela de juicio las decisiones de Tío Zana, ya que es un profeta reconocido en nuestro país, y los profetas, según la tradición, no se equivocan puesto que no son más que instrumentos de Dios.

Era domingo. En buen cristiano, era el día del Señor. Como tal, no había razones para enfadarse o tener sentimientos contrarios al amor. Sin embargo, aquel domingo, estábamos hasta las narices. El partido de papá merecía una lección para bajarse de su pedestal y comenzar a tener los pies sobre la tierra. Era un partido político que había subido demasiado, como la levadura. Olvidaban este dicho bantú que dice que cuando más sube un mono, más debe limpiar su culo.

Millones de personas desfilaban por las oficinas de voto. Muchos llevaban sus pequeñas radios para seguir en directo las noticias. Elena y yo soportábamos estas largas colas. Si no hubiera sido por los atentados y sus víctimas, mi amiga Elena nunca se habría levantado de su cama para ir a votar. Habría dejado que los otros votaran por ella y al final, la vida habría seguido igual. Pero las cosas estaban como estaban.

Estábamos en un país en que los jóvenes, por incultura política, por prostitución laboral o por las hipotecas que les preocupaban hasta el punto de suicidarse y matar a sus novias o mujeres, habían dejado la política a los políticos y a las personas mayores. Así pues, se decidía por ellos y contra ellos, no decían ni palabra. Sus intereses estaban en otra parte.

La mayoría se preocupaba por la búsqueda de trabajo, los que trabajaban luchaban contra ellos mismos y contra los extranjeros al mismo tiempo, para no perder su trabajo. La tensión estaba en su punto más alto. Y parece que esa situación fue programada, gestionada y promovida por Tío Zana para mantenerse mucho tiempo en el poder.

Durante estos tres días de duelo, sufrimientos y miserias, los medios de comunicación se acapararon de los atentados para hacer lo que les parecía. ¡Ay este pueblo! Por fuera tiene cortesía y educación, pero en el fondo tiene el mismo barro, la misma mugre, la misma vanidad idiota que se encuentra ahí... en el llamado tercer mundo.

En realidad, contrariamente a la idea extendida de manera universal, el primer, el segundo, el tercer y el cuarto mundo, no son puntos geográficos precisos y estáticos. Es un espíritu, una manera de ser, de vivir, de pensar y de actuar. Apenas se viaja, se da uno cuenta rápido de que estamos por todas partes en el mundo, en cada continente hay un primer, un segundo, un tercer y un cuarto mundo. Hay incluso, países donde los cuatro mundos cohabitan regularmente y se enfrentan.

Por decir las cosas de una manera diferente, la pertenencia a una zona geográfica no basta para que un individuo, un grupo de individuos o un país, se considere parte de este mundo. Aún es necesario que uno entre efectivamente en este mundo, que coja su espíritu y sobre todo, que este mundo entre en la persona o en el grupo.

He aquí la verdad que la gente tiene dificultades de aceptar. Hay muchos individuos y muchos países que están en Occidente, pero que Occidente no vive en ellos. Hay países que están en África, pero África no está en ellos. El mundo sigue su camino. En realidad, las generalidades son atajos peligrosos que no hay que tomar.

En aquella época, cada una de nuestras cadenas de televisión y radio, llamadas públicas o privadas, se habían pronunciado a favor o en contra del partido de papá, del partido de mamá o del partido del Sexo Libre. No se sabía ya si los medios de comunicación nos informaban o nos formaban como alumnos inscritos en las escuelas de los partidos. No era verosímil. Gente que tomábamos días antes como profesionales de la comunicación, caían en un "griotisme" exacerbado. Aunque nuestro pueblo disfrutaba y se divertía con sus burradas, nosotros estábamos sorprendidos con nuestros calvos y barrigudos periodistas.

Cuanto más pasaba el tiempo, más información abundaba sobre los responsables de los atentados. Todo debía resolverse este domingo. Era necesario hacer tragar al pueblo la verdad, según la cual estos atentados eran obra de ETA o del gran Osama. Los medios de comunicación del partido de papá, así como el partido de papá, querían ganar tiempo insistiendo en que ETA tenía algo que ver con estos atentados, aunque las pistas que conducían al gran Osama Bin Laden, no debían de descuidarse.

En cuanto al partido de mamá y sus cadenas de radio y televisión, deseaban también ganar tiempo haciéndonos tragar la verdad según la cual ETA no tenía nada que ver con estos atentados y que el gran Osama Bin Laden se había vengado contra nuestro muy venerado Tío Zana por llevar a nuestro país a la guerra en Irak, en contra de la voluntad del pueblo, destacando su lado dictatorial y autoritario.

Los discursos de los medios de comunicación se centraban en estas dos líneas de defensa. Ningún profesional de la comunicación hacía realmente alusión al estado psicológico de los supervivientes ni de sus familias. El gobierno del partido de papá, demasiado preocupado por la defensa de su poder, se olvidó incluso de la familia y de los padres y madres de las víctimas, en nombre de quienes pretendía actuar para que la verdad, con respecto a estos atentados, aflorara.

El tiempo pasaba. Pasaba. Pasaba imperturbable

y muy rápidamente. La inquietud aumentaba en los corazones de nuestros padres y nuestras madres, de nuestros abuelos y abuelas y de nuestros tatarabuelos y tatarabuelas. Y alrededor de las 19 horas, las calles se quedaron cada vez más desérticas, ya que el pueblo entero quería ver con sus propios ojos la bajada al infierno del partido de papá. La venganza es una comida que a cada uno le gusta comer sentado en su sofá medio desnudo.

Para empezar, se nos informó de que la participación masiva de los electores era algo histórico en la era de la democracia "demoncratizada" de nuestro país. Según algunas voces periodísticas, más del 78,30% de la población había ido a las urnas. Obviamente, era sin contar los extranjeros y los reaparecidos que no figuraban en las listas de electores.

No era todo. La televisión del partido de papá aún en el poder, nos informó también de que en varias provincias se habían producido incidentes en algunas urnas. Fue el caso de la ciudad de Madrid donde se insultaba a nuestro gran Presidente, el profeta y Mesías Tío Zana, que se retiró voluntariamente del poder, delante de su mujer y sus niños en estos términos: "Tío Zana, asesino"; "Vuestra guerra, nuestros muertos...". Se nos dijo incluso, que algunos miembros del partido de papá, eran acogidos por estos gritos en otras ciudades: "Sois fascistas y terroristas, asesinos". Cuestión más grave que ilustraba hasta qué punto el pueblo estaba harto. Algunos individuos no identificados quemaron en varias ciudades, sedes del partido de papá.

Todas estas actitudes ya predecían el clima post-electoral y daban idea del posible vencedor de las elecciones celebradas en el dolor y la consternación. Estábamos todos delante de los televisores como a la espera de un acontecimiento capital. La tele pasaba y volvía a pasar los sondeos, las tendencias y el recuento de votos. Veíamos en directo cómo el partido de papá hacía frente al partido de mamá. Confusión. Tensión. Angustia. Teníamos también miedo de ver el partido de papá triunfar, a pesar de la cólera del pueblo.

Sin embargo, con el paso del tiempo, el partido de mamá se adelantó al partido de papá. La cosa se ponía interesante. Los periodistas y politólogos analizaban punto por punto cada nuevo elemento aportado a la mesa redonda donde se desarrollaba el debate sobre el desenlace electoral. Nadie esperaba que el partido de papá ganase los votos que tuvo. No obstante, cuando por la noche publicaron los resultados definitivos, la victoria del partido de mamá se anunció oficialmente en los medios de comunicación controlados por el partido de papá aún en el poder. Todo nuestro pueblo empezó a festejar como si hubiera ganado la copa del mundo. El pueblo invadió las calles para cantar la victoria del Tío Sapatu, que se llamaba en algunos medios extranjeros "el Sr. hasta cuándo", en referencia a su discurso electoral en el que había alineado varios "hasta cuándo" a la manera del poeta Federico García Lorca.

Como si de una fiesta nacional se tratase, muchos jóvenes ocuparon la sede del partido de mamá. "¡Por fin!", gritaban. Muchos estaban en las calles para celebrar no ya la victoria del partido de mamá, sino más bien la derrota del partido de papá. Es que la gente estaba harta de este partido.

La verdad es que el partido de mamá tampoco inspiraba confianza, pero entre los dos males, incluso el diablo elige el mal menor. Por eso Satanás aceptó de buen grado errar por el mundo, en vez de desaparecer para siempre de la superficie del mundo.

Una cosa muy remarcable en nuestro bello y orgulloso país es la dualidad de las diferencias que se excluyen. Aquí las cosas se dividían en dos. Políticamente hablando, o era el partido de papá o el partido de mamá. El partido del Sexo Libre sólo estaba para jugar al juego de los grandes. Es como un niño cuyo sexo no se conoce.

En fútbol se hablaba del Derby a todos los niveles. A nivel nacional, era el derby Real Madrid–Barcelona y a nivel provincial se hablaba del derby Atlético de Madrid-Real Madrid en la Comunidad de Madrid, del Real Sociedad-Athletic de Bilbao en el País Vasco, del Sevilla-Betis en Andalucía, del Barcelona-Espanyol en Cataluña, etc.

Aquí las cosas son así desde que nuestro país se había liberado del yugo de la dictadura. No hay otra alternativa. La gente dice que el partido del Sexo Libre es demasiado extremista, el partido de mamá es poco creíble y sólo el partido de papá da muestras de seriedad en su trabajo. Su único defecto es el orgullo. Ya que la gente del partido de papá es muy altiva. Son unos políticos pedantes que recuerdan a veces la vieja época.

¡Tío Sapatu presidente! El país iba pues a cambiar ya que él había anunciado durante su campaña que pondría fin a la misión de nuestras tropas presentes en Irak. También había prometido aumentar los sueldos de los trabajadores y las pensiones de los jubilados, reducir la discriminación regularizando la situación de los extranjeros sin papeles y la de los homosexuales y lesbianas, etc. Había prometido tantas cosas que nuestros padres dejaron de tomarle en serio.

Elena mi amiga, me confió que sus padres, a pesar de estos atentados, votaron por el partido de papá. En la provincia de mi querido sacerdote Don Jesús Fernández, Cantabria, parecía que muchos habían votado por el partido de papá. Contrariamente a lo que se podía pensar, el partido de papá seguía siendo aún potente en nuestro país. Perdió las elecciones, pero seguía siendo el segundo gran partido del país.

Naturalmente la elección de Tío Sapatu no fue acogida por unanimidad en todo el país. Hay gente que interpretó su acceso al poder como la muerte de la vida, de la verdad y de la persona en nuestro país. Desde el partido de mamá se contestaba que los que lo decían formaban parte del partido de papá. Sin embargo, esto era mentira porque esta gente, por profesión, no pertenecía a ningún partido político.

6
LA SOMBRA DE OSAMA BIN LADEN

Mientras que los miembros del partido de mamá celebraban a bombo y platillo su victoria electoral, los del partido del Sexo Libre se alegraban también por su parte. El motivo de su alegría no era la victoria electoral, sino más bien la derrota del partido de papá. "Nos alegramos, declaraba el doctor jefe del partido del Sexo Libre, de la clara y contundente derrota de ese partido que engañó demasiado a nuestro pueblo".

Y un periodista le planteó esta pregunta:

— ¿Doctor, según las estadísticas, su partido perdió millones de votos con relación a las últimas elecciones, por qué entonces se alegra usted como si hubiera ganado las elecciones?

— Es verdad, contestó, sin embargo consideramos la victoria del partido de mamá como la nuestra, porque ya podemos hacer oír nuestra voz y defender nuestros ideales liberales sin temer amenazas de muerte...

Todo el mundo sabía en qué sentido iba su discurso. El doctor, jefe del partido del Sexo Libre, nunca había soportado a Tío Zana. Contrariamente a Tío Sapatu, que colaboraba de vez en cuando con Tío Zana, el doctor defendía una política de oposición radical frente al partido de papá. Su obstinación hizo que su partido fuera tratado de extremista por los hombres de nuestra Santa Iglesia.

— ¡"Eminencia, Cardenal!", exclamó Tío Zana abrazando con lágrimas a Monseñor, el arzobispo metropolitano que fue a la sede del partido de papá para reconfortar a sus amigos del partido.

— No os lamentéis, hijos míos, toda autoridad viene de Dios.

— Sí Eminencia, pero la victoria de Tío Sapatu es una manipulación, ese tío es un demagogo y un demonio, respondió Tío Zana, muy decepcionado por haber perdido las elecciones. Él, que oficialmente había dejado el poder antes de que el poder lo dejara a él.

— Sí, lo es y nosotros lo sabemos, hijos míos, lo sabemos. Todo el pueblo lo sabe. Pero tranquilizaos, Dios tiene siempre la última palabra. Juntos haremos oposición.

En la sede del partido de papá había una desolación total. Algunos miembros del partido acusaban a Tío Zana de no haber vomitado toda la verdad desde el primer día de los atentados, mientras que otros lo defendían intentando no leer la historia en el pasado.

En cuanto a nosotros, verdaderas víctimas de los atentados, seguíamos llevando el dolor y el sufrimiento de los nuestros.

Algunos perdieron un padre, un hijo o una amiga. Tanto los del partido de papá como los del partido de mamá se olvidaron completamente de nosotros. Todos los discursos sobre los atentados sólo tenían un único objetivo: ganar las elecciones. Pasadas las elecciones, las víctimas de los atentados y sus familias se convirtieron en la menor de sus preocupaciones hasta el día en que se celebró oficialmente el luto nacional.

Aquel día de luto nacional, el cielo y la tierra parecían haber detenido el curso normal del tiempo. La naturaleza se asoció a nuestro luto regándonos con una pequeña lluvia suave y fina, que se llama aquí chirimiri. Se celebró una gran misa oficiada por el mismísimo Cardenal en la grandiosa Catedral, construida en parte gracias al apoyo financiero del dictador. Había mucha gente. Hombres ricos y pobres venidos desde muy lejos. Gente de todos los colores, de todos los sexos y de todas las religiones estaban allí. La muchedumbre se instaló por todo el parque de la Catedral.

Con sorpresa vimos armamento pesado en pleno día, en tiempo de paz, así como una fuerte presencia de hombres de uniforme por toda la ciudad. La sombra del gran Osama Bin Laden sobrevolaba por todas las esquinas de la ciudad. Y como nadie sabía realmente a qué o a quién se parecía, todo el mundo desconfiaba de todo el mundo.

Todos estábamos allí. Pero cada uno estaba ahí por motivos diferentes. Ingrid Babingui, mi hermana del mismo país, fue para ver al famoso y humilde Príncipe así como a su esposa Letizia, a la que admiraba. Nosotros acudimos para cansar nuestros oídos con la deliciosa homilía del Cardenal que nunca supo ocultar su afinidad por el partido de papá. El Rey estaba allí, así como también la Reina. Los reyes, los príncipes y princesas de otros reinos, estaban también allí. El más enfocado por los medios era el príncipe Moulay Rachid, hermano del rey de Marruecos. Se presentó para lavarse las manos, una manera de decir a los que querían mezclar churras con merinas, que Marruecos estaba del lado de las víctimas y no de los terroristas.

Había también ministros venidos de varios países, jefes de empresas, diplomáticos, artistas, músicos, deportistas, etc. Todos estos huéspedes de honor ocuparon sitios destacados en la gran catedral. Los que no se veían con facilidad eran las familias de las víctimas que se dispersaron cada uno según su rango social. Muchos de ellos ni siquiera pudieron encontrar un sitio en la catedral.

La celebración prevista en memoria de las víctimas de los atentados terminó por tomar un giro político inesperado. Era algo previsible. En efecto, desde que el gran Franco se fue, todas las lenguas se habían desatado en este país. Las cosas que antes formaban parte de la vida corriente de una sociedad, se convertían ahora en acontecimientos políticos de gran amplitud.

Aquí los políticos son verdaderas estrellas. Son artistas. Les gusta ser adulados como dioses. Les gusta cuando el pueblo los aclama, ovaciona. Adoran que los medios de comunicación hablen de ellos.

Esa tarde, ante la multitud venida de las cuatro esquinas del mundo, nuestros políticos no se contuvieron para ponerse en escena. Como verdaderos artistas, supieron dar la imagen que el mundo entero esperaba de ellos.

Sin duda, algunas de las grandes estrellas de esta gran celebración, fueron los miembros de la Familia Real. En general, el Rey y la Reina pasaban desapercibidos. A lo largo de la legislatura del partido de papá casi olvidamos que nuestro país era un Reino, debido a que Tío Zana se hacía pasar por el Primer Hombre del país, dejando en la sombra al Monarca.

En comunión con la muchedumbre, en un ambiente de pentecontés, en el que se mezclaban el dolor y la alegría, la melancolía y la ilusión, nos asombró a todos ver al Rey y a la Reina en llanto. Lloraban lágrimas verdaderas.

Nosotros, que estuvimos cerca de la pareja Real ese día, vimos con nuestros propios ojos las lágrimas Reales. Recordamos, que desde que ocurrió esta desdicha, ningún político dejó correr ni una sola lágrima. Pasaron su tiempo discutiendo sobre los autores de los atentados sin sentirse profundamente afectados. El mismo Tío Zana que multiplicó ruedas de prensa, no mostró ninguna expresión de compasión hacía las víctimas, aparte de vanas y vacías palabras.

Las lágrimas del Rey y de la Reina llamaron la atención de muchos medios de comunicación. El Rey y la Reina se desplazaron de sus lugares de honor hasta el fondo de la catedral para saludar a las verdaderas víctimas de los atentados, así como a sus familiares, transmitiéndoles de viva voz su pésame. Sólo ellos hicieron este gesto inolvidable para recordar al mundo entero que estábamos ahí para celebrar la memoria de nuestros hermanos asesinados y no para otra cosa. Fueron ellos los que se lo recordaron a nuestros políticos que recuperaron el acontecimiento para hacer lo que saben hacer en este tipo de eventos.

Al terminar la ceremonia, las lágrimas Reales habían dado la vuelta al mundo. Días después de la celebración, aún se seguía hablando de estas lágrimas reales.

Sin embargo, en las caras de todos los participantes de esta ceremonia, se podía leer una gran angustia. La sombra del gran Osama Bin Laden planeaba en nuestra ciudad, sobre nuestro país. Tanto que, al final, acabó por habitar en cada uno de nosotros. Cada uno vivía esta angustia a su manera. Y según se decía, esta angustia había alcanzado a toda Europa.

No obstante una cosa permanecerá guardada en la historia de la humanidad: ni la sombra del gran Osama Bin Laden ni la distancia, impidieron a otros ciudadanos del mundo compartir nuestro dolor. Mientras que celebrábamos nuestra misa en memoria de las víctimas, millones de pueblos hacían lo mismo bajo otros cielos, en sus propias lenguas. Misas celebradas acá y allá; celebraciones en mezquitas de aquí y fuera de aquí; invocaciones en templos asiáticos e inciensos quemados en algunas iglesias de África... Todo este mundo en comunión con nosotros. Esta solidaridad súbita y espontánea nos fortaleció a la hora de enfrentarnos a la dura realidad diaria.

Cuando terminó la gran celebración, la multitud permaneció mucho tiempo en los alrededores de la catedral.

Se decía que algunos familiares de las víctimas protestaron contra la grandiosa celebración eucarística ya que eran ateos. Pero estas denuncias no llegaron a los oídos de Tío Zana, el gran organizador de este acontecimiento, porque para él, mientras que el partido de papá permaneciese en el poder, por supuesto que nuestro país sería siempre católico y por lo tanto, todos seríamos católicos. ¡Pobre Tío Zana! Como no tenía realmente los pies en la tierra, nunca supo en qué creía verdaderamente su pueblo y por qué. No lo sabrá nunca mientras siga tomándose por un pequeño dios.

Alrededor de medianoche, volvimos a casa. Todos estábamos cansados. Se acabaron las manifestaciones. Se acabaron las elecciones. Se acabaron las ceremonias solemnes y mediáticas en memoria de las víctimas. Era necesario pues, volver a empezar con la fatídica rutina de nuestro país.

Elena mi amiga, con su cuerpo delgado, sus bonitos ojos azules y su pelo rizado, me esperaba en el salón.

Decidió seguir la misa en memoria de las víctimas por la televisión en vez de ir a la catedral, ya que ella formaba parte de los cientos de jóvenes de nuestro país que solicitaron su des-bautismo como católicos. Parecía muy cansado, como el primer día de nuestro encuentro en el parque del Retiro donde ella pasaba su tiempo, admirando la belleza de la naturaleza.

Como todos, ella también estaba dominada por la angustia y el miedo al futuro. "¿Qué será de nosotros?" "¿A dónde vamos?, "¿Por qué?" Estos interrogantes la preocupaban.

A la angustia de su vida futura incierta, a las preocupaciones por los gastos de alquiler a pagar cada fin de mes; al trabajo precario, permanentemente temporal; a los créditos bancarios que debía de devolver; a la incertidumbre de formar una familia con un hombre de fuera, en un país donde se miraba a las parejas mixtas, multiculturales, como si fueran marcianas, se añadía el trágico miedo a Osama Bin Laden, que no dejaba de formular nuevas amenazas hacia nuestro país y otros países de Occidente.

Así que sólo nos quedaba la televisión para olvidar nuestros miedos. Esta televisión, verdadero opio de nuestro pueblo, fuente de nuestras miserias sociales, reanudó sus programas de sexo y de gilipolleces para ayudarnos a olvidar nuestros problemas existenciales fundamentales.

Pero Elena me esperaba con impaciencia porque tenía una gran noticia que darme. Cuando nos pusimos a cenar, mientras compartíamos la tortilla que ella había cocinado, me hizo esta confidencia inesperada: "Cari, creo que ya es hora de que nos instalemos en África. Europa ya no es un refugio para nadie, ni siquiera para nosotros los occidentales."